우울증과 영적 치유의 길

Twisted Logic, The Window of Depression

이영희 지음

박연수 옮김

Yong Hui V. McDonald

『우울증과 영적 치유의 길』
(*Twisted Logic, The Window of Depression*)
지은이: 이영희
옮긴이: 박연수
영어 초판발행 2011년 2월 1일
한국어 초판발행 2014년 7월 1일

표지 디자인: 르넷 맥클레인 (Lynette McClain)
표지 그린이: 박영득 (Holly Weipz), 일러스트레이터
편집: 김영남, 송은순, 박영득, 한명옥, 김옥순, 임문순, 김승인 목사
표낸곳: 아도라 (Adora Productions)
Griefpathway Ventures LLC, P.O. Box 220, Brighton, CO 80601
ISBN: 978-1500195724
변화 프로젝트 교도소 문서 선교
(Transformation Project Prison Ministry)
5209 Montview Boulevard, Denver CO 80207

홈페이지: www.maximumsaints.org
http//blog.daum.net/hanulmoon24
www.griefpathway.com
www.veteranstwofish.org
이메일: tppm.ministry@gmail.com

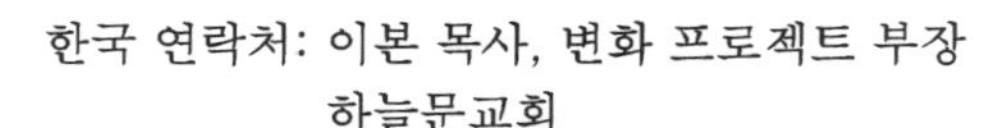

한국 연락처: 이본 목사, 변화 프로젝트 부장
하늘문교회
인천시 남동구 구월3동 1388-15
우편번호 405-840
Cell: 010-2210-2504, 교회전화: 070-8278-2504
이메일: leeborn777@hanmail.net
(본문의 성경구절은 대한성서공회의 개역개정판을 따랐습니다.)
(아도라는 스페인어로 Adora이고 영어로는 Adoration으로서 하나님을 깊은 사랑과 존경으로서 경배한다는 뜻으로 사용이 되었습니다. 아도라의 목적은 문서를 통하여 예수님의 사랑의 이야기를 땅 끝까지 전하여 사람들의 영적인 성장과 치유를 추진하는 것입니다.)

이 책을 당신께 바칩니다

이 책을 하늘에 계신 아버지, 예수님, 성령님, 그리고 우울증에서 영적 치유가 필요한 모든 이들에게 바칩니다.

감사의 글

이 책이 출판될 수 있도록 번역을 해주신 박연수와 편집을 도와주신 김영남, 송은순, 박영득, 한명옥, 김옥순, 임문순, 김승인 목사님과 아름다운 표지그림을 그려주신 박영득, 그리고 나에게 믿음을 심어주시고 항상 기도하시며 격려를 해주시는 어머니께 진심으로 감사드립니다.

많은 기적을 보여주시며 교도소 선교와 문서 선교의 문을 열어주신 하나님께 깊은 감사를 드립니다. 마지막으로 모든 영광을 예수님께 돌립니다. 그분이 아니셨다면 이 책은 쓰여지지 않았을 것입니다.

차례

부록

서문

2003년 아담스카운티 교도소에서 목사로 사역을 시작한 후, 교도소는 영적 병원과 같다는 것을 알게 되었다. 사람들이 자유를 잃고 갇혀서, 무력감, 상실감, 낙심, 슬픔, 아픔과 트라우마 속에서 우울증으로 시달리는 사람들이 많이 있었다. 그런 사람들을 상담하면서 많은 사람들이 우울증으로부터 치유받는 것을 목격하게 하신 하나님께 감사드린다. 전에 나 자신도 우울증으로 혼란과 고통 속에서 헤멘적이 있었는데 하나님의 사랑과 은혜와 치유의 능력으로 고침을 받았다.

하나님께서는 우울증을 치유하실 수 있다. 그런데 많은 사람들이 그것을 모르고 있다. 이 책은 우리가 우울증에 빠져서 고통스러울 때 어떻게 하나님을 의지하고 영적인 치유를 받을 수 있는가를 제시하기 위해서 쓰여졌다.

다른 책들과 같이 이 책도 내가 혼자서는 도저히 끝낼 수 없는 것을 여러분들이 번역과 수정을 도와 주어서 출판이 가능하게 되었다. 주님의 은혜다. 모든 영광을 하나님께 돌린다.

우울증과 영적 치유의 길

1장

우울증과 치유

우울증을 겪는 많은 사람들은 슬픔과 아픔으로 희망이 없다는 생각과 무력감과 절망감으로 고통을 받고 있기 때문에 치유가 필요한 사람들이다. 우울증이 육체의 연약함이 원인이라면 의사의 처방을 받아야 하고 그것이 감정과 영적인 것이라면 영적인 치유가 필요하다. 그래서 먼저 우울증의 원인을 알고 치유를 받는 것이 중요하다. 우울증이 육체적인 연약함에서 시작되는 경우도 있지만 나의 상담의 경험으로는 영적 침체와 영적 공격으로 생기는 경우가 많다는 것을 알게 됐다.

영적 침체

영적 침체는 하나님께서 주시는 기쁨과 희망이 결여된 상태인데 논리적으로 뒤틀린 사고방식이 원인이 될 수 있다. 뒤틀린 논리란 우리 마음에 떠오르는 파괴적, 고통적, 비논리적, 혼란을 주는 부정적인 생각들, 혹은 악한 음성들을 말하며 하나님의 말씀에 반하는 생각들이다.

하나님의 말씀은 우리에게 화해, 용서, 희망, 평안, 영적 자유함, 치유함과 긍정적인 생각을 가져다 준다. 뒤틀린 논리는 슬픔, 걱정, 공포, 혼란, 절망, 무력감, 실망감과 부정적인 생각을 가져다 준다. 우리 자신의 죄성과 잘못된 환경에서 가져온 뒤틀린 생각을 하나님의 말씀으로 극복하는 방법을 모를 때, 영적 침체에 빠지고 우울증이 올 수 있다.

영적 억압

영적 억압은 초자연적 현상이며, 악령들도 뒤틀린 음성으로 고통을 줄 수 있고, 더 나아가 정신적인 고통과 육체적인 공격이 있다. 영적인 공격을 받는 사람들은 마음에 파괴적인 음성을 들으며 귀로도 들을 수 있다. 그들이 보지 못해도 무엇인가가 그들을 공격하고 있다는 것을 느끼는 사람도 있다. 어떤 이들은 악령들이 공격을 하는 것을 볼 수도 있고, 잠잘 동안 꿈에서도 영적인 공격을 받을 수 있는데 어떤이들은 단지 악몽을 꾸었다고 생각한다.

영적 공격으로 인해서 오는 혼란과 두려움과 무력감은 절망감을 갖게하고 그것이 우울증을 야기할 수 있다. 만약 영적인 공격을 이해하지 못하면 사람들은 그것이 자연적 현상이라 생각한다. 그리고 치유함을 받기 위해서 하나님을 찾지 않으므로 우울증으로 계속 고통을 받을 수 있다.

영적 침체와 영적 억압은 극심한 우울증을 가져올 수 있으며 어떤 이들은 자살로써 아픔을 끝낼 수 있다고 생각한다. 죽으면 아픔이 끝난다는 그 생각자체가 뒤틀린 생각이고 이것이 영적 공격이다. 하나님은 사람들을 영적 침체와 영적 억압에서 해방시키고 치유 하실 수 있다. 하나님의 말씀은 영적 억압으로부터의 치유함에 대한 모든 해답과 방향을 가지고 있다.

약물 치료와 우울증

우울증에 어려움을 겪는 이들이 신경학적 문제, 혹은 화학적 조절 장애를 가지고 있을 수 있다. 약물 치료는 그들의 생각과 행동 모두를 치료하는 데 도움이 될 수 있다. 육체적인 이유로 우울증이 있다면 약물 치료를 받을 때 치유가 될 수 있다. 그런데 약물로 치유 받지 못하는 우울증으로 시달리는 사람들을 많이 만났다. 어떤 사람들은 아무것도 느끼지 못하거나, 혹은 항상 행복한 느낌 등 몇몇 부작용은 그들의 지속적인 약물 치료를 힘들게 했다. 또한 어떤 사람들은 자살 충동이나 폭력적 반응의 부작용으로 항우울제 복용을 그만 둘때도 있다.

약물 복용으로 치유가 되지 않을 때 무엇을 할 수 있을까? 파괴적 음성으로부터 매일 괴로움과 고통 당하는 이들은 무엇을 해야 하나? 항우울제가 작용하지 않는 이들은 어떻게 해야만 할까? 영적 침체와 영적 억압으로 우울증을 겪는 사람들은 어떻게 해야 치유를 받는가? 그런 사람들에게 나는 하나님의 말씀을 의지하여 영적인 치유를 구하라고 제시한다.

우울증으로부터 회복 되는 신호는 무엇인가?

우리의 생각은 유리창을 통해서 아름다움을 보려고 하는 창문이라 생각할 수 있다. 자신과 타인, 그리고 삶의 아름다움을 보기 위해서는 창문의 유리가 깨끗해야만 한다. 그 창문은 우리의 마음이다. 우리의 고통, 아픔, 고난, 그리고 뒤틀린 생각은 창문을 흐리게 할 수 있다. 우울증으로 시달리는 사람들의 마음의 창문은 아픔과 뒤틀린 생각들로 인해서 흐려져 자신과 다른 사람들, 그리고 삶 자체에 대한 아름다움을 볼 수 없게 한다.

우울증으로부터의 치유함은 모든 것을 깨끗한 창으로 보는 것, 또한 전에 보지 못한 아름다움을 보는 것과 같다. 우울증으로부터 영적으로 회복된 사람들은 그들이 전에는 갖지 못했던 "희망"이라는 새로운 개념을 가지게 된다.

그들은 하나님의 말씀을 적용하여 아픔을 극복하고 영적인 압박에서 치유를 받고 마음이 맑아지고 아름다움을 볼 수 있게 된 사람들이다.

회복의 속도는 각자의 환경과 그들의 영적인 상태에 따라 다르다. 죄 가운데 사는 것으로 생긴 우울증은 영적 침체와 영적 압박을 가져오므로 치유를 받으려면 변화된 삶이 필요하다. 또 학대와 환경적인 어려움으로 생긴 우울증은 그 환경이 바꾸어져야 치유가 가능한 것도 있다.

뒤틀어진 논리가 주는 생각으로부터 온 우울증의 치유는 우리가 속은 그 지점을 찾는 과정이며, 상처를 치유하기 위해서 그것을 하나님의 생명의 말씀으로 바꾸는 과정이다. 그 과정은 시간이 걸린다. 고통으로부터 즉시 해방되지 않았다고 해서 실망하지 말라. 영적 치유는 하나님의 도움으로 상처 부위를 돌보는 과정이다. 회고와 묵상과 기도를 통해서 하나님의 치유를 받을 수 있다. 하나님은 우리 자신과 다른 사람들, 그리고 삶의 아름다움과 긍정적인 면을 볼 수 있도록 도와 주실 것이다.

2장

줄리아의 아픔

내가 사역하고 있는 교도소에서 자원봉사자로서 나를 많이 도와주었던 줄리아가 우울증을 겪으면서 항우울제 복용한 후 한밤중에 밖을 돌아다니며 심지어 어떻게 그곳에 갔는지조차 기억하지 못했다고 한다. 그녀는 겁에 질려 약물복용을 멈추고 정신병원에 입원하는 것을 고려하기 시작했다고 한다. 상태가 너무 악화되어 걱정이 된다며 나의 집에 며칠동안 같이 있으면서 영적인 도움을 받았으면 하고 전화를 했다.

그녀가 도착하기 전날 꿈에 하나님은 그녀의 우울증은 공포를 주는 악령의 공격이며 여호수아 1:5~9절을 읽어 주라고 말씀하셨다. 그래서 줄리아가 나의 집에 도착 하자마자 성경을 읽어 주었다.

“네 평생에 너를 능히 대적할 자가 없으리니 내가 모세와 함께 있었던 것 같이 너와 함께 있을 것임이니라 내가 너를 떠나지 아니하며 버리지 아니하리니 강하고 담대하라 너는 내가 그들의 조상에게 맹세하여 그들에게 주리라 한 땅을 이 백성에게 차지하게 하리라 오직 강하고 극히 담대하여 나의 종 모세가 네게 명령한 그 율법을 다 지켜 행하고 우로나 좌로나 치우치지 말라 그리하면 어디로 가든지 형통하리니 이 율법책을 네 입에서 떠나지 말게 하며 주야로 그것을 묵상하여 그 안에 기록된 대로 다 지켜 행하라 그리하면 네 길이 평탄하게 될 것이며 네가 형통하리라 내가 네게 명령한 것이 아니냐 강하고 담대하라 두려워하지 말며 놀라지 말라 네가 어디로 가든지 네 하나님 여호와가 너와 함께 하느니라 하시니라" (여호수아 1:5~9).

그녀에게 무슨 일들이 벌어지고 있는 지를 듣고나서 왜 그녀가 이 성경말씀이 필요한가를 알게 되었다. 줄리아는 정신에 혼란을 느끼고, 고통을 당하고 있었다. 다음은 그녀가 글로 쓴 아픔이다.

"내 영혼, 마음, 그리고 몸이 더 이상 기능을 발휘하지 않는다는 고통의 음성이 내 깊숙한 곳에서부터 들려온다. 나는 똑바로 생각할 수가 없어서 감정기복이 심해졌고, 내 몸은 매우 피곤하고 약해졌다. 내 가슴은 아픔으로 가득 찼고, 계속 울어서 내 눈은 충혈 되었다. 공포감이 나를 공황 상태로 몰아 갔으며 공허함, 메마름, 그리고 절망감과 분노가 강하게 느껴져 하나님께 도와 달라고 애원했다."

줄리아는 파괴적 음성과 영적 억압으로 인해 영적 혼란을 겪고 있었다. 그래서 나는 그녀가 나의 집에 삼일 간 머무는 동안, 회고와 성경 묵상, 기도, 회개, 용서함에 초점을 두고 영적인 공격으로부터 오는 파괴적 음성을 저항하는 방법들을 통해서 하나씩 아픔을 극복 하도록 도왔다.

콜로라도 주립대 학생이던 내 아들은 줄리아가 우리집에 왔을 때 얼마나 지쳐 있었고 침울한 지를 보았다. 그녀가 나의 집에 머문 두 번째 날, 아들이 나에게 말했다. "엄마 친구분에게 항우울제를 복용하라고 하세요."

그녀가 우울증에 시달린다는 것을 눈으로만 보고도 알 수 있기에 그가 한말이다.

"좋은 제안이야. 하지만 줄리아의 문제는 화학적 불균형의 문제가 아니야. 약물 치료를 시도해 보았지만 문제만 더 생겼었어. 문제는 영적인 것이야. 영적 문제는 약물 치료로 풀 수 없어. 하나님만이 그녀를 치유 하실 수 있어."

두번째 날, 하나님은 줄리아에게 고백 편지를 쓰라고 하셨다고 한다. 그녀는 오랫동안 하나님의 음성을 듣기 원했는데 처음으로 하나님 음성을 뚜렷하게 들었다고 하며 기뻐했다. 줄리아는 용서해야 할 사람들과 자신의 용서를 위해서 기도하며 하나님의 도움을 청했다.

그녀는 잘못된 음성으로부터 고통을 받고 있었다. 대화를 하던 중 그녀는 갑자기 자기가 교도소에 가게 될 것이라는 음성을 들었다고 말했다.

"제가 교도소에 갈 것이라 생각하세요?" 그녀는 겁이 가득찬 눈으로 물었다.

"경찰에게 잡혀 갈 어떤 죄를 지었어요?" 나는 물었다.

"아니요."

"당신이 들은 것을 믿지 마세요. 사탄이 마음에 공포의 씨앗을 심으려고 그런 생각을 가져다 준거예요. 그런 잘못된 음성을 믿지 말고 예수님의 이름으로 물리치세요. 우리의 마음은 영적인 전쟁터예요. 우리의 마음에 마귀가 파괴적이고 잘못된 음성을 생각으로 줄 수도 있어요. 우리가 혼란스러운 마음에 고통을 받고 평화를 잃어 버리는 이유는 바로 마귀가 혼란과 뒤틀린 말을 하는데 그것이 어디에서 온지를 모르고 받아들이니까 공포에 시달리게 되는 것이에요."

그녀는 하나님의 말씀으로 잘못된 생각을 저지하기 시작한 후 혼란스럽던 마음이 조금씩 정돈되기 시작했다고 한다. 미움에 쌓여 있던 많은 것들을 하나님께 고백의 편지로 쓰면서 그녀는 우울증을 겪을 때 가지지 못했고 상상하지 못했던 평안, 기쁨, 삶의 의미와 목적을 찾게 되었다. 그녀는 계속 치유를 받기 위해서 성경말씀과 기도에 힘쓰겠다고 말했다.

셋째날, 줄리아가 떠나기전 이 책의 7장에 수록한 "우울증에 대한 영적 처방"을 그녀에게 적어 주었다. 내가 교도소와 병원 목사로 근무하는 중 우울증을 겪는 사람들을 상담하면서 사용한 것이다. 이 영적 처방전을 적용함으로써 우울증으로부터 회복되는 많은 사람들을 보아왔다.

나의 아들은 우울하고 슬퍼 보였던 줄리아가 환한 얼굴로 나와 말하는 것을 보고 깜짝 놀라는 표정이었다. 줄리아가 웃음 띤 얼굴로 떠난 후, 내 아들은 "그것 참 빠른 회복이네요"라고 믿을 수 없다는 미소를 지으며 말했다.

"하나님이 그렇게 하신 것이야. 그녀는 하나님의 말씀으로 파괴적 음성에 저항하는 방법을 배우고 있는 중이야. 아직도 여러 면에서 그녀는 치유가 필요하지만 그녀는 점점 더 나아질거야."

줄리아는 정신병원에 가지않고 그 후 차차 우울증에서 완전히 치유가 되어서 기쁨의 삶을 살고 있다. 우울증으로 아픔을 겪는 사람들이 하나님의 말씀과 기도로 강해지고 마귀를 물리칠 때 치유될 수 있다. 줄리아가 그 한 예이다.

3장

치유의 간증들

여기에 나오는 간증들은 우울증으로 고통에 시달리던 사람들이 하나님의 은혜와 능력으로 치유된 이야기들이다.

1. "신앙의 위기" - 켈리 밀러

나는 25세에 항우울제 복용을 시작했다. 그 당시 나는 하나님을 믿지 않았고, 이혼을 한후 전신 홍반성 낭창(Lupus)이라는 병에 걸렸다. 낭창을 치료하기 위해서 다른 모든 약들과 함께 일반 가정의가 처방한 항우울제를 복용하기로 결정했다.

내가 31세가 되었을 때, 6년이 지나는 동안 항우울제를 최대치로 복용하고 있었는데 차츰 더 강한 것이 필요했다. 그후 마침내 급성 임상 우울증이라는 진단을 받고 12년 동안 항우울제를 복용했지만, 그 약들은 아무런 효용이 없었다.

2008년 12월, 나의 두 번째 남편이 이혼을 원했다. 그것과 많은 다른 이유들로 나는 4~12년의 구형을 받은 F2-2급 중죄로 판결을 받았다. 국선 변호사를 신청한 후 법정의 도우미를 찾아 갔을 때, 나는 삶에 대한 분노로 가득찬 상태였다. 그 때 만난 바브라라는 한 재소자가 내게 기도해 주길 원하는지, 그리스도를 구세주로 영접한 적이 있는 지를 물었다.

기도를 해 주는 것은 나쁠 것이 없다고 생각하고 예수님을 영접한 적은 없었으나 그러고 싶다고 말했다. 그때 나는 41살이었다. 무엇인가 변화가 필요했다. 바브라는 나와 함께 기도했고, 그녀가 천사같이 느껴졌다. 기도한 후 나는 몸에 따뜻함을 느꼈고, 기쁨과 평안함이 충만해졌다. 재판날에 나의 형은 F6-중죄로 감형 되었으나 18개월의 보호 관찰을 받았고, 2개월 동안 감옥에 있었다.

그동안 남편은 나의 모든것, 심지어 아이들의 사진과 책들까지 챙겨 이사를 했다. 내가 교도소에서 출감했을 때 집이 없어 거리에서 살게 되었다. 보호 관찰관을 찾아가야만 약들을 무료로 받을 수 있는데 그럴 형편이 못돼서 18년 만에 항우울제를 끊게 되었다. 그 모든 기간 동안 믿음을 위태롭게 지켰고, 하나님께 내 뜻이 아닌 그분의 뜻대로 해 달라고 기도했다.

내 보호 관찰관은 결국 2010년 8월에 체포 영장을 발부해서 나를 붙잡았다. 나는 교도소에 다시 돌아왔고 많은 형량을 받을 것이라는 것을 알고 있었다. 기도하면서 판사에게 관용을 바라는 편지를 썼다. 판사는 30일에서 60일 후 재판 일정을 잡았다. 판사는 또한 내가 보호 관찰 기간 18개월 중 16개월을 보냈다는 것을 인지했다.

이혼과 보호 관찰 그리고 모든 것의 상실과 거리에서의 삶 등이 어렵고 고통스러웠지만 하나님의 자비하심으로 격려와 위로를 받았다. 모든 영광을 하나님께 드린다. 나는 지금 항우울제를 끊었고, 감옥에서 나와 자유인이 된 후 결혼을 했고 무엇보다 예수님과 가까운 관계를 가지게 되었다. 하나님은 나의 기도를 들으시고 나의 삶에 도울 사람들을 준비하시고, 우울증을 극복 하도록 도우셨다. 물론 나의 때가 아닌 하나님의 때에 내가 예수님을 구세주로 영접하고 성령님을 경험했을 때, 내 미래에 대한 새 희망과 삶에 대한 열망을 가지게 되었다.

2. "새로운 삶" – 레일리샤 안젤리노 가니샤

나는 30살이다. 나의 유년기는 매우 좋았고, 힘들지 않았으며 부모님은 나를 아껴주셨다. 그럼에도 불구하고 십대 초기에 집을 나와 문제를 일으키기 시작했다. 나는 술과 마약을 했고, 16살에 아들, 도미닉을 낳았다. 아들은 26주만에 2킬로 그램이 채 나가지 않은 미숙아로 태어났다. 그는 아홉 번의 수술을 받았다. 아이 아빠는 내가 임신 2개월 때 과실 치사로 교도소에 갔다. 다행히도 나는 혼자가 아니었다. 릭이라는 좋은 남자를 만났고 그는 나의 아들이 태어났을 때 자신의 아이처럼 안아 주었다. 11개월 후, 딸 알렉산드리아를 낳았는데 그 아이도 미숙아였다. 나는 겨우 17살에 두 아이를 가진 엄마가 되었다.

나는 릭과 12년을 함께 살았다. 우리가 같이 산 6년 후, 마지막 딸인 애드리안을 낳았다. 릭과 나는 술과 마약을 하지 않았는데 그 아이도 약한 몸으로 태어났다. 우리는 유니언에 36만 달러의 집을 샀다. 나는 크라이슬러 차를 몰았고, "풍선껌 불기 어린이집"이라는 사업을 가지고 있었다.

2006년 나는 꿈에 그리던 결혼식을 계획했다. 외부적으로 우리는 부러울 것 없어 보였지만, 내부적으로 항상 싸웠다. 우리 결혼식 6일 전, 결혼식은 취소되었고 그는 감옥에 갔다. 그러나 2년을 더 그와 함께 살다가 2008년에 헤어졌다. 나는 몇 달 동안에 모든 것을 잃었다. 사업은 문을 닫았고, 차는 회수되었고, 집은 경매에 넘어갔다. 그리고 릭이 양육권을 가지고 아이들을 데려갔다. 나는 옷가방 하나와 사진, 아이들의 것이 들어있는 세 개의 가방을 가진 노숙자가 되었다. 친구가 나를 자기 집에 머물게 했고, 나의 물건들을 창고에 보관 하도록 했다. 그 친구는 나의 3,000 달러를 훔쳐 뉴멕시코로 달아났다. 나는 모든 것을 다 잃고 처참한 상태가 되어 다시 재기하는 것이 불가능하다고 생각했다. 이런 끔직한 일들이 나에게 일어났음을 생각조차 할 수 없었다. 아이들과 함께할 수 없었고, 그들은 결코 내게로 돌아오지 않을 것이라는 생각으로 나는 심각한 우울증에 시달렸다. 술과 마약을 전혀하지 않았던 내가 아픔을 달래려고 친구와 함께 주말 음주 모임에 나가서 매주 술을 마시기 시작했다.

음주는 나의 생각에 먹구름이 끼도록 했고, 상황을 더욱 악화시켰다. 나는 삶을 포기한 상태였고 사탄에게 주도권을 준 것이었다. 막다른 골목에 다달은 나는 도저히 상상도 할 수 없는 교도소로 오게 되었다. 이젠 자유까지 잃고 충격에 휩싸여 처참한 심정이었다.

어느날 밤 다른 수감자가 나에게『예수님과 걷는 길』이라는 책을 주었다. "감옥에서 무슨 하나님을 믿어요?" 나는 퉁명하게 말했다. 하지만 나는 모든 것이 지루해지자 그 책을 읽기 시작했다. 그 책을 다 읽은 후『치유, 사랑하는 사람을 잃은 사람들을 위하여』라는 책을 읽으면서 깊은 감명을 받았다. 맥도날드 목사님이 남편 Keith를 교통사고로 잃은 내용을 읽으며 눈물을 흘렸다.

시간이 흐를수록 나의 마음이 변화되는 것을 느꼈다. 나는 하루에 두 권씩 책을 읽었고, 성경 공부에 참석하기 시작했다. 그래도 할로윈에는 나의 아이들을 생각하느라고 여전히 슬픔에 싸여 있었는데, 맥도날드 목사님이 미소를 머금고 들어 오셔서, 나의 영혼을 따뜻하게 해 주었다. 우리는 그룹별로 기도를 했고, 그녀는 나에게『우울증과 영적 치유의 길』원고를 편집해 달라고 주었다.

그 책을 읽어 가면서 하나님께서 보내 주신 책이라는 것을 깨달았다. 내 생애에서 가장 마음 아프고 힘들은 환경에서 책을 편집하는 일을 할 뿐만 아니라 내가 겪는 어려움이 뒤틀린 논리에서 시작된 우울증이었다는 것을 알게 되었다. 나는 왜 그 책을 읽어야 했는지를 알게 되었다.

이틀 후 목사님이 돌아 오셔서 편집 할 다른 책을 주셨다. 같이 기도를 한 후 목사님에게 내가 그 책을 통해서 배운 것을 말씀드렸다. 그 후부터 하나님이 내 옆에 계신다는 새로운 시각을 가지게 되었다. 그리고 예수님에 대한 믿음은 물질적 삶, 자기 만족, 내 삶에서의 선하지 못한 거짓된 사람들, 모든 부정적인 것들로부터 나를 자유롭게 해 주었다. 하나님은 나에게 희망을 가지게 하시고 살리신 것이다!

수감 생활은 좋은 것과 나쁜 것, 심지어 나의 아이들로부터 나를 떨어뜨려 놓았다. 처음에 나는 하나님을 비난하며 화를 내었었다. "내 아이들에게 어떻게 그러실 수 있나요? 아이들은 이미 충분히 고통을 받았어요!"라고 하나님께 항의를 했었다. 그러나 하나님은 이 어려움과 고통을 통해서 나의 눈을 크게 뜨도록 하신 것이다. 교도소에 오게 된 과정은 눈물의 길이었으나 내게 필요한 곳이었다. 예수님을 믿는 것이 나에게 꼭 필요하고 유일하게 삶의 의미를 주는 것임을 교도소에서 배우게 된 것이다. 예수님께서 내 삶에 필요한 모든 것을 제공하실 것이라는 믿음이 생겼다. 내가 원했었고 계획했던 삶은 끝이 났고, 예전과는 정반대의 새로운 삶이 시작 되었음을 알게 되었다.

이제 나는 겸손하게 오로지 나의 아이들과 주님과 함께하는 새로운 삶을 기대한다. 45일간의 교도소 삶은 나의 삶을 바꿨다. 주님의 힘이 나의 영혼을 정화시키고 조금씩 나를 바꾸어 가시는 것을 느낄 수 있다. 그것은 마치 내가 오를 수록 주님을 알 수 있는 산의 정상에 가까워 지며 사탄으로부터 나를 자유롭게 하는 것과 같았다. 나는 더 이상 방황하지 않는다. 주님과의 만남은 나 자신을 알게 하고 내 삶의 목적과 미래를 찾을 수 있도록 도왔다. 『예수님과 걷는 길』 책을 읽고 예수님과 같이 걷게 됨으로써 나 자신이 구원 받았고, 내 삶의 방향이 완전히 바뀌었다.

3. "당신이 필요한 것은 바로 믿음이다" - 캐시디 왓킨

나는 16년간 우울증을 앓아왔고 아침마다 폭풍이 몰아친 것 같은 어지러운 기분으로 일어났고, 극심한 고뇌와 고통으로 혼란함에 빠지고, 암울함을 느꼈다. 사탄은 항상 내 옆에 있었다. 나는 눈이 가리워져 고통을 겪으면서도 하나님의 존재를 깨닫지 못했다.

우울증은 내가 9세에서 10세쯤 되었을 때에 시작 되었다. 나는 양아버지에 의해서 육체적, 정신적 학대를 받았고, 어머니의 전 남자 친구에게 성적 폭행을 당했다. 양아버지는 나를 학대했고 나의 영혼을 심각하게 파괴했다. 나의 어머니가 그를 떠나지 않고 현재까지 그와 함께 있음으로 인해서 나의 아픔은 더욱 깊어졌다. 어머니는 내가 그럴만한 짓을 했다며 그 학대를 정당화 시키기 까지 했다. 심지어 양아버지를 사랑한다고 강제로 말 하도록 했으며, 그를 아빠라고 부르라고 했다.

내가 나이가 들었을 때, 양아버지를 아버지가 아닌 그의 이름으로 불렀고, 그를 사랑하는 것처럼 행동하는 것을 그만 두었다. 그런 이유들로 어머니는 지금까지도 나를 학대하고 있다. 나는 어머니의 학대와 친아버지가 나를 방치 했다는 감정적 상처로 고통을 받았다.

처방약들이 나를 치료할 수 있을 것이라 생각 했는데 그 약들은 상황을 더 악화 시켰다. 늘 자살하고 싶은 마음

에 매일 아침 눈을 뜨면 죽음을 생각했다. 사실 나는 이미 죽어 지옥에 있는 것과 같았다. 구원의 하나님께서 나를 변화 시키시고, 내 삶을 풍요롭게 하시는 분이라는 것을 받아들이지 않고 있었기 때문이었다.

그런데 내가 수감 되었을 때, 성령님이 나를 찾아오셨다. 하나님의 자비요, 은혜였다. 그때부터 나는 기도하기 시작했고, 항우울제 복용을 그만두었다. 몇주 후 나의 마음의 고통은 완전히 사라졌다. 그것은 내가 그토록 원하던 하나님의 치유하심이었다. 내게 필요한 것은 약물이 아닌 하나님이었다. 치유의 능력을 체험하고 희망을 갖게 되었다. 하나님의 능력은 무한하다. 우울증에서 치유받기 위해서 필요한 것은 믿음이었다.

어느 날 저녁, 묵상하던 중 갑자기 나의 몸은 예전에 느낄 수 없었던 완전한 평안함의 상태가 되었다. 눈 앞에 작은 강이 보였는데 그 강의 모래는 수백만개의 다이아몬드처럼 빛났다. 모든 종류의 곡식들이 형형색색으로 빛났다. 물은 매우 아름다웠고, 이 세상의 것이 아닌 것처럼 반짝거렸고 평화로운 물소리를 들을 수 있었다. 꿈에서조차 그런 부드러움을 느껴본 적이 전에 없었다.

너무나 행복해서 기쁨의 눈물을 멈출 수 없었다. 꽃들이 하늘로부터 아름답게 내리는 것을 보았다. 연꽃들이 강물을 따라 흘러 내려왔고, 강물은 매우 느리면서도 평화롭게 물결쳤다. 그곳에서 황금빛 길을 볼 수 있었다. 그 길 주위는 형형색색의 빛을 내는 네온 다이아몬드 같은 것들로 장식 되어 있었다.

그 길은 내가 본 적이 없는 가장 깨끗한 유리로 만든 것 같았고 그 아래로 아름다운 지면을 볼 수 있었다. 따스하면서도 시원한 바람을 느낄 수 있었다. 너무나 기쁨에 차서, 세상의 어느 누구도, 어느 것에 대한 생각도 할 수 없었다. 마치 안개처럼 내 자신의 몸을 볼 수 없었다. 모든 것이 이 세상의 것이 아닌 빛에 싸여 있었다. 그 세계의 빛은 눈부시게 하지 않으면서도 안정감을 주었다. 그것은 마치 구름, 안개, 목화 나무에서 나온 솜들이 공기중에 자유롭게 떠 다니는 듯한 느낌이었다. 그 세계는 시각과 같은 감각을 뛰어 넘는 희열을 주었다. 강 근처에 큰 녹색의 잎을 가진 거의 하트 모양의 밝은 나무가 있었다.

그리고 현실로 돌아왔을 때 나는 침대에 눈물로 범벅이 된 채 앉아 있었다. 내 손은 계속 떨렸고 나는 극도의 행복과 놀라움에 빠졌다. 천국이 얼마나 아름다운 곳인지 말로는 설명할 수가 없다. 나는 천국에 가기 위해서 항상 옳은 일을 하려고 최선을 다 할 것이다.

이 체험을 하기 전 나는 매일 밤 하나님께 내 마음을 열어 달라고 기도 드렸었다. 하나님은 내가 상상하지도 못했던 방법으로 나의 마음을 열어 주셨다. 나는 매일 밤 기도 드리며, 내가 본 그곳으로 다시 돌아 가기를 희망하며 묵상한다. 천국을 본 후부터 죽음에 대한 두려움이 없어졌다. 사실 다음 영생을 위해서 현세의 죽음을 반길 지경이다. 그리고 하나님이 계시지 않았던 내 삶을 생각해 본다. 나는 매우 어리석었다.

당신이 해야 할 것은 예수님을 믿는 것과 옛 것을 버리는 것이다. 그래야 새로운 것들이 찾아 온다. 우리의 영혼은 영원히 산다. 그것을 알게 된 것은 큰 축복이다. 하나님은 한 마리 잃은 양과 같은 영혼에게 크나큰 사랑과 자비와 동정심을 보여 주셨다. 하나님을 믿는 모든 사람들이 천국에 갈 수 있다고 믿는다. 우리가 한 모든 선한 것들은 보상을 받을 것임을 기억하라! 천국은 실재한다! "네 이웃을 사랑하라. 네가 그들에게 상처 주면 그 상처가 결국은 너에게로 돌아갈 것이다." 용서와 사랑이 행복의 필수 조건이다. 항상 주님께 감사하고 받은 것을 잊지 말고 그분을 기쁘시게 하라. 주님께 모든 것에 감사드림이 삶의 핵심이 되어야 기쁨의 삶을 살수 있다. 그리고 그것이 당신을 주님과 더 가까운 관계를 가지도록 도와줄 것이다. 주님이 당신의 기도를 안들어 준다고 실망하지 말라. 응답이 없을 때에는 계속 기도하면서 주님의 마음을 이해하고 그분의 때를 기다려라.

지금 여기 나와 함께 계시지는 않지만 나의 부모님을 존경할 것을 다짐했다. 나는 자신과 타인에게 육체적이건 정신적이건 간에 해를 입히지 않을 것을 다짐했다. 이 세상은 한시적인 것을 알고 하나님께 나 자신을 완전히 내려놓는 것을 배우고 있다.

4장

영적 회복과 치유 – 이영희

나에게는 오랫동안 간직한 분노, 용서, 절망과 같은 풀어야 할 많은 가정의 문제들이 있었다. 그러나 무엇보다도 내가 더 어려움을 당한 것은 우울증이었다. 하나님을 믿는다 하면서도 오랫동안 우울증에서 벗어 나지 못했다. 동생이 차 사고로 죽은 후에 나의 우울증은 악화되어서 어떤 때는 일어날 수도 없었다. 엄마가 기도를 해주면 겨우 일어났으나 아무런 일을 할 기력도 없었다. 나의 우울증은 육체적인 것이라기 보다는 영적인 공격이었는데 어떻게 그것을 극복하는지를 몰라서 점점 더 상황이 악화되었다.

하나님께서 살아 계시며 예수님께서 나의 죄를 위하여 돌아 가시고 내가 용서 받았다는 것을 믿으면서도 왜 항상 영적으로 억압을 받으며 무거운 마음으로 기쁨이 없는 삶을 살아 왔을까? 그것은 내가 잘못된 사탄의 음성을 듣고 삶을 절망적이라고 생각하고 나의 삶에 대한 의미와 가치를 느끼지 못했기 때문이었다.

와치만 니의 『영에 속한 사람』이라는 책을 읽기 시작했을 때 나에게 전환점이 찾아왔고 서광이 비취었다. 그 책은 어떻게 성령님과 사탄이 우리 마음에 이야기하는 지를 설명했고, 우리의 마음이 영적 전쟁터이라는 것을 설명해 주었다. 나는 그 때까지 사탄이 우리의 마음에 뒤틀린 음성으로 우리의 생각을 잘못된 길로 가게 한다는 것을 몰랐다. 나는 당시에 뒤틀어진 생각뿐아니라 영적인 공격과 압박에도 시달렸다. 밤에는 악몽에 시달렸고 낮에 길을 걸을 때에도 마귀들과 함께 일하는 사람들이 지나가면 그들의 얼굴에서 사탄의 얼굴이 보이고 나를 공격하고 있음을 온 몸으로 느꼈다. 집에 도착하면 실제로 누구한테 얻어맞은 사람처럼 진이 빠져서 일어나지를 못했다. 그럴 때면 엄마가 마귀를 쫓는 기도를 해야 일어날 수 있었다.

이런 영적인 공격을 받으면서도 나는 마귀가 공격하고 있다는 것을 모르고 있었다. 나는 그 때 당시 영적 전쟁에 대해서 잘 알지 못했다. 나는 절망감의 생각들이 나의 생각이라고 믿었다. 결과적으로 나는 사탄의 거짓말들을 받아 들였던 것이다. 저항하는 대신 나는 그것을 수용했다. 나는 사탄에게 문을 열고도 몰랐던 것이었다.

나의 마음에 들어온 파괴적 음성은 '삶이 오직 고통과 아픔 밖에 없고 그래서 삶은 아무런 의미가 없고 무가치하다'는 것이었다. 하나님이 어떻게 희망과 치유하심을 계획하고 계신가를 성경말씀을 통해 알려주고 계심을 미처 생각하지 못했다. 내가 절망의 음성을 받아 들였기에 풍성한 삶을 제공하시는 예수님의 말씀을 심을 공간이 없었던 것이다.

나는 마침내 영적 통찰력이 결여된 많은 책들을 오랫동안 읽어온 것으로 인해서 많은 혼란을 겪고 있었다는 것을 깨달았다. 하나님을 모르는 사람들이 쓴 절망적인 책들은 나의 생각에 뒤틀린 삶의 가치관을 심어 주었다. 또한 여성을 존중하지 않는 한국 문화는 여자가 열등하다는 잘못된 생각에 기여 했다는 것을 깨닫게 되었다. 한인들의 가치관으로 나는 열등하다는 생각을 가지고 살았다. 그런 모든 것들이 나에게 무력함과 절망감을 안겨주고 우울증으로 몰고갔다. 우울증에서 해방되기 위하여 나는 생각하는 방식을 바꾸고, 하나님의 말씀에 따라 내 자신을 어떻게 존중할 수 있는지를 다시 배워야 했다.

내가 어떤 음성을 들어야 하며, 어떤 음성에 저항해야 하는 지를 하나하나 하나님의 말씀을 통해서 점검함으로써 나의 뒤틀린 생각을 바꾸고 아픔을 극복해 나가는 법을 배우게 되었다. 그것은 긴 과정이었으나 우울증과 영적 억압에서 회복되기 위해서 내가 해야만 했던 일이었다.

『영에 속한 사람』 책은 내가 성경을 읽고 기도해도 왜 영적인 공격을 당하는지를 이해 하도록 도와주었다. 나는 하나님 말씀을 읽기만 했지 내 생각을 바꾸는데 어떻게 적용할 줄을 몰랐던 것이다. 나는 하나님의 말씀을 통해서 자존감을 회복했다. 하나님은 모든 사람을 귀하고 가치 있는 존재로 여기시기에 나도 모든 이들을 귀하고 가치 있는 존재로 여겨야만 했다. 그것은 절망과 무력감, 희망이 없다는 생각을 극복하는 것에 많은 도움을 주었다.

결국 하나님의 도우심과 성령님의 치유하심으로 나는 우울증에서 벗어났고, 감정적, 정신적, 영적으로 더 강해졌다. 성경말씀을 통해서 악몽과 영적인 공격과 압박감도 서서히 사라져 갔고 나 자신을 사랑하는 것을 배웠고 예수 이름으로 마귀를 쫓으면서 우울증으로부터 완전히 해방되었다. 하나님의 은혜와 말씀의 능력으로 말미암아 평안과 기쁨을 찾은 것이다.

우울증의 치유가 늦춰진 이유

우울함으로부터 완전히 벗어나기 까지는 나에겐 오랜 시간이 필요했다. 만약 내가 우울증을 극복하는 방법에 대한 영적 지식이 있었다면, 치유를 더욱 빨리 받을 수 있었다고 믿는다. 내 치유가 늦어진 다섯 가지 이유가 있다.

1. 환경으로부터 오는 무력감

나는 다른 사람들의 비신앙적인 가치관이 나를 열등감, 우울증과 고통으로 몰아넣는 계기가 될 수 있다는 것을 몰랐다. 내 문화, 사회적 가치관, 그리고 가정에서의 학대가 하나님의 가치에 반하는 것으로 나의 가치관에 부정적인 영향을 미쳤다. 아버지의 폭력으로 생긴 환경적인 고통에서 오는 아픔 때문에 무력감과 절망감을 마음속에 쌓아 두었고, 용서하지 못하는 마음은 정신적인 고통뿐만 아니라 영적인 공격에 틈을 주었다.

그러나 내가 계속 불안정한 가정 환경 속에서 오랫동안 머물러 있었을 때 여동생이 교통사고로 갑자기 죽은 후 겪은 슬픔과 상실감은 나에게 더 많은 아픔과 상처를 주었다. 그것을 어떻게 극복해야 하는지를 몰랐다. 나는 악몽과 절망속에서 오랫동안을 시달렸다. 그런 고통속에서 어머니의 기도와 성경을 읽으라는 조언이 큰 도움이 되었다. 성경을 읽기 시작한 후 나는 나 자신이 죄인이라는 것을 알게 되었다. 하나님께 용서를 구한 후 처음으로 마음의 평안을 찾았다. 그때부터 나는 하나님이 살아 계심을 믿게 되었고 마음의 상처와 문제들을 하나하나 말씀으로 극복하기 시작했다.

그러나 나에겐 여전히 풀지 못한 많은 문제들이 있었다. 아버지로 인한 가족의 아픔은 계속 지속되었다. 내가 결혼해서 집을 떠나게 되었을 때에야 하나님의 도우심으로 아버지를 용서하게 되었다. 용서는 내 마음을 치유해 주었고 나를 영적인 압박에서 해방시켜주었다.

2. 파괴적 음성의 영향

나의 마음은 영적인 전쟁터였고 사탄의 음성을 받아들이지 말고 하나님의 말씀으로 싸워야 한다는 것을 누군

가가 미리 경고 했다면, 내 치유는 좀더 빨라졌을 것이다. 나는 평생을 교회에 다녔지만 어떻게 사탄이 뒤틀린 생각을 내 마음에 심으며, 또한 내가 그것을 받아들일 때 나에게 우울증과 고통과 영적인 압박을 가져올 수 있는지에 대해서 들어 본 적이 없었다. 또한 성경이 상처받은 마음과 혼동된 정신을 극복하게 도와 준다는 것을 알지 못했다. 그러나 와치만 니는 그의 책을 통해서 나에게 하나님의 말씀으로써 어떻게 악령들의 음성을 물리칠 수 있는가를 가르쳐 주었다.

내가 삶에서 어려움을 겪을 때 사탄이 낙망의 음성으로 나를 공격하여 더 많은 혼란과 아픔을 가져왔다. 그러나 성경말씀과 기도로 사탄을 싸워서 이길 수 있으므로 지금은 조금도 두려움이 없다. 영적치유 과정에서 하나님과 사탄의 음성을 구별하는 것의 중요성을 배웠다. 나는 절망의 속삭임을 들을 때 이 거짓말을 수용하지 않는다. 만약 그것을 받아 들이면 나는 우울함과 영적 고통에 빠진다는 것을 알고 있기 때문이다. 그래서 나는 무엇보다도 주님을 사랑하고 경배하며 찬양하면서 어떻게 주님을 섬길 수 있는가에 초점을 두고 기도한다. 또 영적인 공격으로 어려움을 당하고 있는 사람들에게 어떻게 영적인 투쟁을 통하여 승리할 수 있는가를 가르쳐 주려고 최선을 다한다.

3. 영적 억압

나는 영적 억압에 대한 지식이 없었다. 사람들이 고통의 영에 의해서 악몽에 시달리고 육체적인 공격으로 밤낮 고통 당할 수 있다는 것도 몰랐다. 내가 영적인 투쟁이 있다는 것을 알게 된 것은 사탄과 함께 일하는 사람들로부터 악령의 공격을 느꼈기 때문이었다. 예수님에 대한 믿음이 커 가면서, 사탄을 예수님의 이름으로 쫓아 낼 수 있었다. 예수님은 "내가 너희에게 뱀과 전갈을 밟으며 원수의 모든 능력을 제어할 권능을 주었으니 너희를 해칠 자가 결코 없으리라" (누가복음 10:19)라고 말씀하셨다. 나는 그래서 사탄을 두려워하지 않는다. 예수님을 믿는 믿음을 가지고 성경말씀으로써 강해질 때 마귀를 쫓으면 도망간다는 것을 배웠기 때문이다.

4. 죄의 힘

나는 오랫동안 걱정과 근심의 영에 사로 잡혀서 하나님의 말씀을 받아 들이지 못했다. 또 내 생각의 초점이 내 자신의 안정된 삶이지 하나님을 위해서 살아야 한다는 것에는 마음이 전혀 없었다. 그러므로 불순종의 삶은 감정적, 정신적, 재정적 혼란만을 불러 왔다.

사람들과 물질을 주님 위에 둘 때, 그것들을 잃게 되면 어떻게 하나 하는 생각을 통해 걱정과 공포의 영에 사로 잡힐 수 있다는 것을 배웠다. 모든 것을 하나님께 내려놓는데는 많은 시간이 걸렸다. 왜냐하면 나는 하나님을 의지하기 보다는 물질에 더 의존했었기 때문이다. 예수님께서 오셨을 때, 예수님은 사탄의 작업을 때려 부수셨다. 예수님은 악한 영들로부터 나를 해방시키시고 나로 하여금 평안과 풍성한 삶을 누리게 하셨다. 예수님께서는 "내가 온 것은 양으로 생명을 얻게 하고 더 풍성히 얻게 하려는 것이라" (요한복음 10:10) 라고 말씀하셨다.

나에게 걱정과 근심이 생길 때, 나는 모든 것을 하나님께 내려놓는 기도를 한다. 왜냐하면 예수님께서 근심을 하지 말라고 하셨기 때문이다. 걱정, 근심, 두려움과 낙심의 영의 음성을 받아 들일 때 어떤 일이 일어날 지를 알고 있다. 나는 다시 우울함에 빠지기도 하고, 공포에 흔들리고, 걱정으로 혼란스러워질 때가 있을 것이다. 이 영적 전쟁에서 승리하기 위해서 나는 하나님의 말씀을 지속적으로 의지해야 한다는 것을 배웠다.

5. 삶의 목적 결여

내가 우울증으로 고생했을 때는 삶에 대한 목적이 결여되어 있었다. 나 자신을 위해서 사는 삶은 아무런 의미가 없는 헛된 삶이란 것도 모르고 그렇게 오랜 시간을 무지하게 살아왔다. 영적인 공격에서 어떻게 해야 승리할 수 있다는 것을 알고 난 이후에도 내가 하나님을 진실로 사랑하고 섬기는 데에서 오는 기쁨을 몰랐다.

나는 우울증에서 치유가 되었어도 오랫동안 정신적으로 방황하고 불순종한 삶을 살아왔다. 남편이 목사가 된 것을 탐탁하지 못하게 생각하고 그를 어렵게 한 때도 있었다. 그 이유는 내가 나의 삶이 하나님의 것이라는 생각이 없었고 죽어가는 영혼들에 대한 안타까운 마음이 없었기 때문이다. 나 자신만이 원하는 삶을 살고자 오직 나만의 삶을 계획했고, 예수님이 원하시는 것이 무엇일까는 생각해 보지도 않았기 때문이다. 그렇다고 해서 완전히 주님을 등한시 하지는 않았다. 남편이 목사였으므로 교회에서 봉사 활동과 성경공부 그리고 심방 등 다양한 모습으로 섬겼다. 그러한 활동을 하는데 나의 영적인 은사를 최대한으로 사용하지는 못했다. 나의 사명이 주님을 풀타임으로 섬기는 것임을 알고 난 후에도 나만 평안 하고자 파트타임으로 섬겼다.

그 당시에는 내 마음은 허전했고 기쁨이 없었다. 나는 우울증은 아니라 하더라도 영적 침체로 무엇인가 나의 삶에서 해야 할일을 하지 않으려고 바둥대었다는 것을 알 수 있었다. 그러나 하나님의 은혜로 성경을 읽어 가면서

'내 삶은 짧으며 그 짧은 삶을 내가 원하는 대로 살기보다 예수님께 바쳐서 그 분을 전적으로 섬겨야 한다'는 것을 깨닫게 되었다.

1999년도에 하나님은 나를 교도소 사역장으로 이끄셨다. 어느날 성경을 읽는데, 하나님은 누가복음 4장18~19 말씀을 주시며 나의 사역을 통해 그 말씀을 이루고 계신다고 말씀하셨다. 그 때까지 나는 이 성경 구절은 예수님에게만 적용이 된다고 생각했었다.

"주의 성령이 내게 임하셨으니 이는 가난한 자에게 복음을 전하게 하시려고 내게 기름을 부으시고 나를 보내사 포로 된 자에게 자유를, 눈 먼 자에게 다시 보게 함을 전파하며 눌린 자를 자유롭게 하고. 주의 은혜의 해를 전파하게 하려 하심이라."

이 경험을 통해서 배운 것은 이 성경 구절은 예수님 뿐만 아니라 나와 모든 성도들에게 해당 된다는 것을 알게 되었다. 성령님이 하나님의 말씀을 가지고 우리를 통하여 영적으로 압박 당하는 사람들을 해방시키시기 때문이다.

교도소 선교를 시작한 후, 많은 사람들이 영적인 억압으로부터 회복되고 특별히 우울증으로부터 치유받는 것을 목격하게 하신 하나님께 감사드린다. 우울증으로 고통을 당하는 많은 이들이 주님과 하나님의 말씀에 의지하는 것을 배우고 우울증으로부터 해방되었다. 그것은 오직 하나님의 은혜이고 성령님의 역사이다.

나는 그런 경험을 통해서 삶에 새로운 동력과 명확한 방향을 찾았다. 사역을 통해서 많은 기적을 보았고 하나님의 은혜를 체험했다. 그러나 사역보다는 하나님을 사랑하는 것이 훨씬 더 근본적인 것이라는 것을 깨달은 후에 '주님 사랑하기'가 나의 삶의 최우선 과제가 되었다. 만약 내가 하나님을 무엇보다, 누구보다 더 사랑하면, 나는 하나님과 동행 할 수 없다. 사역은 이웃 사랑이란 것도 깨닫게 되었다. 우리가 매순간 주님을 사랑하고 섬기려고 애쓴다면 우울증 따위는 틈을 탈 수가 없을 것이다.

사실 주님께서 나를 사역자로 불러 주신 것이 크신 하나님의 은혜라는 것을 뒤늦게 알게 되었다. 나의 삶의 목적이 하나님을 사랑하고 섬기는 것이라는 것을 받아 들이고 사역에 열중하게 된 후에 우울해 질 시간이 전혀 없다는 것을 알게 되었다. 그래서 나는 우울증으로 고생하는 많은 사람들에게 하나님을 열심히 사랑하고 섬기라고 권고하고 싶다.

"그러므로 예수께서 자기를 믿은 유대인 들에게 이르시되 너희가 내 말에 거하면 참으로 내 제자가 되고. 진리를 알지니 진리가 너희를 자유롭게 하리라" (요한복음 8:31~32).

나는 약 35년 전에 우울증으로부터 치유를 받았고 그 후 다시는 우울증으로 고통을 받지 않았다. 왜냐하면 우울증을 가져오는 잘못된 생각들과 악령의 억압을 재발하지 않도록 막을 수 있는 하나님의 말씀과 성령의 능력을 배웠기 때문이다. 적을 무찌르기 위해서 나는 싸움의 대상을 알아야 했다. 성경말씀을 통해서 우울증을 가져다주는 절망적인 음성에 저항할 수 있도록 인도하신 하나님께 감사드린다. 나의 생각, 마음과 삶을 조정할 수 있도록 도와 주시고 하나님을 사랑하는 기쁨과 섬김과 순종의 기쁨을 더 맛보게 해 주셨기 때문이다.

5장

영적 치유의 상담

우울함을 겪는 많은 이들이 감정적, 정신적, 영적인 문제들을 마음에 가지고 있다. 다음은 많은 재소자들을 상담하는 가운데 감정적, 영적 아픔을 극복한 이들의 이야기이다. 그들 중 대다수는 오랫동안 우울증에 시달렸다. 우울증을 치유하는 것은 시간이 걸리는 일이기에 어떤이들은 아직도 치유 과정에 있는 사람도 있다. 그들의 치유 과정 이야기는 우리에게 희망과 용기와 방향이 필요한 이들에게 도움을 준다.

1. 죄책감과 낙심의 영

상담하면서 용서하지 못하는 사람들이 우울증에 많이 시달린다는 것을 알게 되었다. 용서하지 못하는 많은 이들이 하나님의 말씀에 반하는 뒤틀린 생각들로부터 고통을 받는다. 우리가 용서를 구할 때, 하나님은 용서하신다. 하지만 어떤 이들은 자신을 용서할 수 없으며, 그들이 나쁘기 때문에 살 가치 조차 없다고 생각하는 사람이 있다. 그러나 그것은 우리를 용서하시고 깨끗하게 하시는 하나님의 의도와 반대되는 것이다.

수 년간 술을 끊었다가 다시 술을 마심으로 인해 교도소에 온 지니라는 여성은 심한 죄책감에 시달리고 있었다.

그녀는 술 때문에 교도소에 다시 돌아오게 된 자신을 용서할 수 없어서 자신은 살만한 가치가 없으니 하나님께 목숨을 가져가 달라고 수년동안 기도해 왔다고 한다. 성경을 읽고 믿음이 있었다고 하지만 여전히 심한 죄책감과 싸우고 있었다. 나는 예수님이 우리를 위해 죽으셨으며, 우리가 주님께 용서를 구할 때, 주님은 우리의 죄를 완전히 잊으실 뿐만 아니라 깨끗하게 용서 하신다고 말했다.

"만일 우리가 우리 죄를 자백하면 그는 미쁘시고 의로우사 우리 죄를 사하시며 우리를 모든 불의에서 깨끗하게 하실 것이요" (요한1서 1:9). "내가 그들의 불의를 긍휼히 여기고 그들의 죄를 다시 기억하지 아니하리라 하셨느니라" (히브리서 8:12).

정죄의 영은 우리의 마음에 용서하지 못하는 씨앗을 심는다. 지니는 하나님의 말씀을 믿지 못한 것이다. 그녀는 죄책감을 가져다 주며 낙심적인 생각을 가져다 주는 악령에게 계속 시달렸다. 그러던 중 어느 날 하나님은 이미 그녀를 용서 했으며, 그녀도 자신을 용서해야 한다는 음성을 듣게 되었다. 그 말씀은 그녀에게 큰 기쁨과 평안을 주었다. 하나님의 사랑에 집중한 후 지니는 죄책감과 낙심의 영에서 완전히 해방되었다. 우리는 하나님의 격려하는 음성을 마음으로 들을 수 있다. 하나님은 말씀으로 위로 하시며 성령님께서는 세밀한 음성으로 격려하시고 치유하신다. 그것이 지니의 삶을 변화시켰다. 하나님은 다양한 방법으로 치유 하시는데 우리의 마음속에 격려하는 음성으로써 치유하시는 때가 많다. 지니가 그 예이다.

2. 잘못된 논리와 파괴의 영

가족에게 상처를 준 자기 자신을 절대 용서할 수 없고 가족들에게 더 이상 상처 주지 않고자 자살 하려고 하는 청년을 만났다. 나는 그에게 말했다. "지금 말씀하시는 논리는 성경말씀에 반하고 마치 1+1=5라고 하는 것과 같아요. 가족에게 상처를 주었으므로 자신이 자살하면 가족들이 더 행복해 질거라는 것은 참으로 잘못된 생각이에요."

그의 논리는 하나님의 논리가 아니었다. 그가 미처 깨닫지 못한 것은 자살이 가족들에게 얼마나 큰 상처를 주게 될는지를 모르고 있었다. 나는 그에게 자신의 생각과 논리를 재검토 해 보라고 말했다. 일단 그가 가족들에게 상처를 주었음을 인정하는 것은 긍정적인 모습이라고 했다. 그러나 가족을 행복하게 하려면 자기 자신을 돌보며 더 이상 문제가 생기지 않도록 하는 것의 중요함도 알렸다. 그래야만 그는 그의 가족을 진심으로 돌 볼 수 있다. 이것이 1+1=2이다.

나는 그에게 이렇게 말했다. "당신의 몸의 주인은 당신이 아니고 하나님이에요. 하나님이 만드셨기 때문이지요. 또 예수님이 당신을 피 값으로 샀으므로 당신의 몸을 보살펴야 합니다. 성경을 읽고, 하나님께 자신을 용서할 수 있게 도와 달라고 기도하세요."

두 번째 그를 만났을 때, 그는 전보다 아픔을 덜 느낀다고 말하며 얼굴에는 미소까지 볼 수 있었다. "저의 몸을 하나님이 창조하셨기에 제 몸은 하나님의 재산이라고 믿어요. 나의 몸을 항상 관리하라고 주신 것이지 제가 주인이 아니란 것을 깨달았어요. 성경을 더 많이 읽기 시작 했어요. 주님께서 마음에 평안을 주셨어요. 이제 저는 제가 저지른 일에 대해 벌을 받아들일 준비가 되었고, 하나님이 저를 도울 것에 대한 확신이 있어요."

그의 웃는 얼굴을 보면서 하나님께 감사드렸다. 하나님의 말씀으로 그의 잘못된 생각을 완전히 돌이키신 것이다. 사도바울은 우리가 어떻게 몸을 보호하고 관리해야 하는가를 가르쳐준다.

"너희 몸은 너희가 하나님께로부터 받은 바 너희 가운데 계신 성령의 전인 줄을 알지 못하느냐 너희는 너희 자신의 것이 아니라. 값으로 산 것이 되었으니 그런즉 너희 몸으로 하나님께 영광을 돌리라" (고린도전서 6:19~20).

"그런즉 이 일에 대하여 우리가 무슨 말 하리요 만일 하나님이 우리를 위하시면 누가 우리를 대적하리요. 자기 아들을 아끼지 아니하시고 우리 모든 사람을 위하여 내주신 이가 어찌 그 아들과 함께 모든 것을 우리에게 주시지 아니하겠느냐" (로마서 8:31~32).

그는 계속 주님을 위해서 살려고 노력할 것이라고 말했다. 그가 자살을 하지 않고 주님을 섬기겠다는 말이 나를 기쁘게 했다. 주님께서 그를 치유하신 것이다.

3. 슬픔과 용서 못하는 영

사람들이 자신의 삶에서 잃어버린 사람에 대해서 초점을 두고 마음 아파 하면서도 하나님의 치유하심을 구하지 않으면 슬픔의 영에 시달릴 수 있다. 한번은 어떤 여성이 나에게 자신은 하나님을 믿고 성경을 읽고 기도하지만, 항상 슬픔을 느낀다고 말했다. 그녀와 대화하는 중에 나는 그녀가 중요한 사람들을 많이 잃었으며, 집과 직장, 학교 및 자유까지 상실했음을 알게됐다.

나는 그녀가 한꺼번에 많은 것을 잃게 됨으로써 받게 된 격한 감정들로부터 하나님을 의지하고 치유를 받아야 한다고 말했다. "아픔이 커서 비탄에 젖어 있으면 당신은 비탄의 집에 있는 것이고 그 집에는 죄책감, 자기연민, 분노, 후회, 용서, 책망, 내려놓음 등 많은 감정들이 들어 있는 각기 다른 방이 있어요. 그것을 하나씩 다 방문하고 하나님의 뜻대로 모든 것을 해결해야 치유를 받을 수 있어요. 어떤 면에서 지금 치유를 받아야 하는지 생각이 들어요?"

"아, 내가 무엇을 해야 되는지 이제 알겠어요. 내가 용서 할 사람이 많이 있어요."

우리가 죄를 지을 때, 우리는 기쁨을 느낄 수 없다. 용서하지 못함은 죄이고, 우리는 하나님 안에서 평안을 찾기 위해서 자신이나 다른 사람을 용서해야 한다. 우리를 용서하시고 평안과 기쁨으로 우리의 마음을 채워주시는 하나님과 좋은 관계를 유지하고, 옳은 결정을 하며, 사물을 명백하게 볼 수 있도록 우리의 분노와 화를 조절해야 한다.

예수님은 "너희가 사람의 잘못을 용서하면 너희 하늘 아버지께서도 너희 잘못을 용서하시려니와. 너희가 사람의 잘못을 용서하지 아니하면 너희 아버지께서도 너희 잘못을 용서하지 아니하시리라" (마태복음 6:14~15)라고 말씀하셨다.

4. 절망과 공포의 영

교도소에서 심하게 상처를 입어 병실에 입원한 한 남자가 많은 사람들이 자기를 죽이려 한다고 말했다.

"나는 내게 무슨 일이 일어날지 알 수 있어요. 누군가가 나를 상처 입히고, 끔찍한 일이 오늘, 내일 중에 생길 수도 있어요. 나의 삶은 절망 밖에 없어요."

"하나님을 믿으세요?" 나는 물었다.

"네."

"많은 어려움을 겪으셨기에 그런 말씀을 하는 것이라고 생각해요. 하지만 성경말씀을 통해서 하나님께서 우리를 어떻게 돌보시는 가에 대해서 생각해 보셨어요? 예수님께서 어떻게 말씀 하셨나요? 예수님은 '도둑이 오는 것은 도둑질 하고 죽이고 멸망 시키려는 것뿐이요 내가 온 것은 양으로 생명을 얻게 하고 더 풍성히 얻게 하려는 것이라' (요한복음 10:10)라고 말씀하셨어요. 만약 기독교인 이시라면 예수님께서 말씀하시는 그 풍성한 삶은 어디에 있을까요?"

그는 그것에 대한 대답을 못했다. 나는 그에게 물었다. "자살하고 싶은 생각에 시달리지는 않으세요?"

"아닙니다."

내가 그것을 물은 이유는 그가 어떤 악령에게 고통을 당하고 있는가를 알기 위해서였다. 그가 절망의 악령에게 시달리고 있으면 또 다른 악령들에게도 시달릴 수 있는 가능성이 많기 때문이었다. 나는 그에게 하나님을 통해서 치유가 가능하다고 말했다. "복음서를 읽으면서 예수님이 무엇을 말씀 하시는가를 배우세요. 그런 절망적이고 뒤틀린 논리가 어디에서 오는 가를 묵상하는 시간을 가진 후 저에게 하나님께서 말씀하신 것을 알려 주시고 더 이야기를 계속해요."

다음에 그를 만났을 때, 그는 말했다. "저는 절망적인 생각을 오랫동안 해왔는데 그것이 악령의 음성을 받아들였기 때문이라는 것을 미처 깨닫지 못했어요. 내 생각을 바꿔야 할 필요가 있음이 명백해 졌어요. 사실 저는 18살에 자살을 시도 했었어요. 죽음에 대한 동경과 그런 생각을 오랫동안 유지하고 있었다는 걸 깨닫지도 못했는데 이제야 알게 되었어요."

"우리가 어떤 영과 전투를 하고 있는 지를 인지하는 것이 중요해요. 영적인 치유를 받고 싶으면 하나님의 말씀을 믿고 뒤틀린 사고 방식을 물리치는 것이 필요해요. 하나님의 음성을 들어본 적이 있나요?"

그는 물었다. "어떻게 하나님의 음성을 들을 수 있나요? 나는 그 방법을 배우고 싶어요."

"성경을 읽고 마음의 상처와 아픔을 주님안에서 치유를 받는 것으로 시작하세요. 용서받아야 할 것이 있으면 하나님께 용서를 구하고 분노와 슬픔을 버리고 조용히 하나님의 음성 듣기를 연습하세요. 침묵 속에서 그분의 음성을 들려 달라고 하고 조용히 기다리세요. 그러면 하나님께서 말씀하실 때, 알 수 있을 거에요. 하나님은 필요한 어떤 것을 성경말씀으로 알려 주실 때도 있어요. 성령님은 당신에게 격려하시며 앞으로 일어날 일들도 꿈과 하나님의 말씀을 통해서 알게 하시지요. 마음에 떠오르는 생각들이 어디서 오는 가를 생각해 보세요. 우리의 마음에 네 가지 음성을 들을 수 있어요. 그것은 다른 사람들의 음성, 당신의 음성, 사탄의 음성, 그리고 성령님의 음성이에요. 당신은 사탄으로부터 나오는 어떠한 파괴적인 음성에도 저항해야만 해요. 성령님이 당신에게 무엇을 하라고 말씀하시면 순종해야만 해요. 그래야 당신의 믿음이 성장할 수 있어요. 하나님께서 당신에게 주신 사명이 무엇인지 알고 있나요?"

"나는 하나님이 나에게 무엇을 하기를 원하시는 지를 몰라요."

나는 그에게 말했다. "모든 사람에게는 하나님께서 각자에게 주신 은사대로 주신 사명이 있어요. 하나님께 어떻게 주님을 섬길 수 있는 가를 물어 보세요. 하나님의 음성 듣기를 연습하게 되면 더 명확하게 알 수 있어요. 하나님은 우리 모두에게 바라시고 계획하신 뜻이 있어요. 이제 그것이 무엇인지 알기 위해서 기도와 말씀으로 시간을 더 보낼 필요가 있어요."

그는 그렇게 하겠다고 말했다. 그가 하나님의 말씀을 통해서 무엇을 해야 하는 지를 깨닫게 되고 순종하게 되면 절망의 영과 공포의 영이 그를 괴롭힐 수 없다. 나는 그에게 『네가지 음성』 책을 주고 읽으면서 여러 가지 음성을 인지하는 것을 배우라고 권고했다.

그를 다시 만났을 때는 그는 전보다 많은 평안을 주님 안에서 찾았다고 말하며 웃는 모습을 보였다. 그의 초점이 주님이 되고 자기의 아픔이 아닐 때 느끼는 마음의 평안을 그가 가지게 된 것이다. 우리와 세상 끝날까지 함께 하신다고 약속하신 주님을 알고 믿게 되면 절망과 낙심의 생각을 물리칠 수 있다.

"예수께서 나아와 말씀하여 이르시되 하늘과 땅의 모든 권세를 내게 주셨으니. 그러므로 너희는 가서 모든 민족을 제자로 삼아 아버지와 아들과 성령의 이름으로 세례를 베풀고 내가 너희에게 분부한 모든 것을 가르쳐 지키게 하라 볼지어다 내가 세상 끝날까지 너희와 항상 함께 있으리라 하시니라" (마태복음 28:18~19).

5. 비탄과 분노의 영

낸시라는 여성은 자살 방지 감시방에 있었다. 그녀의 방에 들어가서 어떻게 지내느냐고 물어보았다.

"나는 오랫동안 우울증에 시달렸고, 많은 상담과 약물치료를 받았어요. 하지만 나아진 것이 하나도 없어요. 사실 나는 아무도 나를 도와 줄 수 없다는 것이 고통스러워요."

나는 그녀에게 물었다. "하나님을 믿으세요?"

"네, 믿어요. 우울증을 치료 받으려고 수많은 항우울제를 복용했지만 듣지 않았어요. 아픔을 잊기 위해서 마약을 사용했는데 그것 때문에 모든 것, 심지어 자유와 자존감까지 잃었어요."

"예전에는 이런 상황에 빠지지 않고 좋은 시간을 보낸 적이 있었나요?"

"네, 좋은 시절도 있었고, 마약을 사용한 적도 없었어요." 눈물을 흘리며 말하고 있는 그녀는 삶에 지쳐 있음을 볼 수 있었다.

"정상적으로 좋은 생활을 한 때가 언제였어요?"

"삼년 전이에요."

"고통스런 아픔으로 마약 사용을 하게된 계기가 분명히 있어요. 마약을 시작했었을 때 삶에서 분명 무슨 일이 있었어요. 그것을 말해줄 수 있어요?"

"남편이 내 눈 앞에서 자기 머리에 총을 싸서 자살을 했어요. 그의 죽음 후, 나는 너무 많은 고통을 겪었어요. 지금 나는 나의 삶의 가치가 전혀 없다고 생각해요. 나는 많은 사람들, 특히 나의 아이들에게 너무나 많은 상처를 줬어요."

그녀의 상처는 하나님의 절대적인 치유가 필요했다. "정말 어려운 일을 겪으셨군요. 당신의 문제는 상심한 마음에서 치유를 받아야 정상적인 삶을 살 수 있어요. 하나님의 능력으로 상심한 사람들이 겪는 분노, 자책감, 책망, 남편을 내려놓는 것 등 많은 감정의 상처와 아픔을 극복할 수 있어요. 그렇게 하지 않으면 계속 아픔, 절망, 슬픔과 고통속에서 살게되요. 하나님은 당신을 치유하실 수 있어요."

낸시는 눈물을 계속 흘리며 말했다. "내게 문제가 있다는 것을 알고는 있었지만 무엇을 어떻게 해야 하는지 몰랐어요. 내가 상심한 마음으로부터 치유 받아야 한다는 것을 다른 사람들은 왜 진작 말해 주지 않았을까요? 수년동안 상담을 해 왔는데 사람들은 약만 주었어요. 이런 이야기를 하는 사람은 목사님이 처음이에요. 이제야 남편의 죽음이 미친 영향이 얼마나 큰지를 확실히 알겠어요."

"많은 사람들은 상실한 마음이 얼마나 사람들에게 고통을 가져오는지를 잘 모르고 또 어떻게 그런 사람들을 도와주는 방법을 모르기 때문에 치유를 받아야 한다고 말하지 않아요. 만약 상심한 사람들이 치유받지 않으면 우울증뿐 아니라 자살충동에도 빠질 수 있어요. 나 또한 상심하고 어려움을 겪어 왔기에 그걸 알고 있어요. 하나님의 도움으로 남편의 자살로 인해 생긴 아픔을 극복하기 전까지 당신의 심장은 반은 얼어있는 것 같은 상태와 같아요. 그러니 정상적인 삶을 살 수 없는 거예요. 이제 남편의 잘못을 용서하고 그를 하나님께 내려놓으면 하나님께서 당신을 치유 하실 수 있어요"라고 말했다.

"남편을 용서하는 것과 그를 내려놓는 것이 정말 어려워요. 나는 그를 사랑하므로 그를 붙잡고 있는 거에요."

"그것이 바로 당신을 계속 아픔 속에서 살게 하는 이유예요. 하나님께 도움을 청하세요. 그래서 남편을 용서하고 하나님께 그를 내려놓고 치유를 받도록 하세요."

그녀는 자살 감시 중이었기에 책을 가질 수 없었다. 감시 상황에서 벗어난 후, 나는 그녀에게 『치유, 사랑하는 사람들을 잃은 사람들을 위하여』를 읽고 하나님의 치유의 방법을 찾으라고 했다.

우리들이 가진 모든 것은 삶의 임시적인 선물이란 것을 그녀에게 말해 주었다. 우리의 가족, 물질, 직업, 사역, 그리고 우리의 삶 까지 모든 것은 주님이 주신 일시적인 선물이기 때문이다. 그것을 이해 못하면 그것들을 잃었을 때, 깊은 상실감에 빠진다. 그래서 사랑하는 사람을 잃은 후 어떤 사람들은 우울증은 물론 자살을 하는 경우도 생기는 것이다.

내가 갑자기 교통 사고로 남편을 잃었을 때, 깊은 상실감과 감당하기 어려운 아픔에 빠졌다. 나는 남편의 죽음으로부터 큰 교훈을 하나 얻었다. 우리는 이 땅에 살면서 아무것도 소유할 수 없고 잠시 지니고 누릴 뿐이라는 사실이다. 하나님이 모든 것의 소유주이시다. 내가 남편을 내려놓지 않았을 때는 매일 슬픔과 고통속에서 살았다. 그래서 나는 어느 날 주님께 "주님, 남편을 잃은 상실감을 극복할 수 있게 도와 주세요"라고 기도드렸다.

하나님은 나에게 말씀하셨다. "내 딸아, 그것은 상실이 아니다. 네가 잃어버린 것이 없다. 그는 너의 것이 아니었다. 그는 나의 것, 나의 아들이며, 누구도 그를 자신의 것이라고 할 수 없다. 네가 가진 것은 없다. 모두 나의 것이다. 네가 가진 모든 것은 잠시 맡겨준 것일 뿐이다. 네가 이것을 깨달으면 혼란으로부터 치유함을 얻을 것이다. 너의 집과 가구, 그 안의 모든 것들을 네가 가진 것이 아니고 얼마동안 관리하는 것뿐이다. 넌 너의 자녀들도 소유한 것이 아니다. 그들 또한 나의 것이다."

나의 여생 동안 슬픔에 빠져 지낼 수 있었겠지만, 하나님은 내가 남편을 내려놓음으로써 마음을 온전히 치유해 주셨다. "주님, 그것을 깨닫게 해 주셔서 감사합니다." 석 달 후부터 나는 더 이상 슬퍼하지 않았다. 하나님께 남편을 완전히 내려놓았기에 비탄감과 아픔과 관련된 모든 것들을 하나님께서 치유하신 것이다.

그 후 나는 더 이상 남편이 보고 싶지도 않게 됐다. 하나님의 놀라운 기도의 응답이었다. 주님만 사랑하는 것으로 만족하고 기쁜 삶을 살게 된 것이다. 하나님께서 나를 치유해 주셨듯이 낸시도 치유해 주실 것이라고 격려했다. 그녀와 헤어지기 전에 나는 하나님께 그녀의 슬픔과 아픔을 치유해 주실 것과 남편의 죽음을 본 아픈 기억으로부터 해방시켜 주실 것을 기도했다.

낸시는 자살 감시 시설에서 나온 후, 『치유, 사랑하는 사람들을 잃은 사람들을 위하여』를 읽기 시작했다. 일 주일 후 그녀를 감방 안에서 만났다. 처음으로 나는 그녀의 미소를 보았다. 나는 그녀가 변화했고, 슬픔극복 과정을 통과했다는 것을 알게 되었다. 그녀는 나에게 그녀의 비탄감과 상실감을 극복하도록 도와줘서 고맙다고 했다. 그녀는 마침내 남편을 하나님께 내려놓고, 회복의 길로 들어섰다고 말했다. 그녀는 여전히 다른 문제들이 많이 남아있지만 이것이 그녀의 치유된 삶의 첫 걸음이라고 말했다. 그녀는 아픔과 슬픔에 갇히는 대신 앞을 향해 나아갈 수 있게 되었다. 그녀가 치유된 후, 그녀의 가족들이 자신을 필요로 한다는 것을 깨달았고 자신의 마약 중독과 자살한 아버지로 인하여 크게 상심한 아이들도 치유 받아야 함을 의식하게 되었다.

6. 혼란의 영

어느 날 내가 교도소에 있을 때, 당황스러워 보이는 한 수감자가 나에게 다가왔다. 그녀는 우울증으로 힘든 시기를 겪고 있다고 말했다. 그녀는 자신의 뒤에서 음성이 들리고, 다른 이들이 보지 못하는 것을 본다고 말했다. 그녀는 오랫동안 정신 질환을 앓아 왔다. 그녀는 하나님을 믿었으며 약물 치료가 도움이 안 된다고 말했다.

나는 그녀에게 필요한 것은 영적 치유임을 알았다. 나는 성경 시대(사도행전시대)에 일어난 일들이 그녀에게도 일어날 수 있다고 말해 주었다. 예수님의 이름으로 사탄을 꾸짖어 자신에게서 떠나게 할 수 있다. 그녀는 그것에 대한 확신이 없었다. 영적 세계와 마귀의 존재들이 그녀를 공격하고 괴롭힐 수 있다는 것을 믿지 않았기 때문이다. 영적 공격에서 자유로워지기 위해서는 자신이 오직 예수님이 그녀의 영적 혼란과 고통으로부터 자유롭게 하실 수 있음을 믿어야 했고 사탄의 공격에 대항하기 위해서 예수님에 대한 믿음을 성장시킬 필요가 있었다. 나는 그녀가 그런 믿음을 가지게 될 것을 기도했다.

약 석달 후, 나는 그녀를 생활관에서 다시 만났다. 이번에는 밝게 웃고 있었다. 나는 그녀가 영적 치유를 얻었다는 것을 알 수 있었다. 그녀는 그동안 무슨 일이 일어 났는지 말해 주었다. 다른 수감자가 그녀를 예배에 초대했는데 그곳에서 만난 사람들도 내가 제안한 것을 다시 제시했다고 한다. 그때부터 예수님의 권능을 선언하고, 사탄에게 물러나라고 명령했는데 더 이상 이상한 음성이 들리지 않았고 검은 그림자가 사라졌다. 그 후부터 그녀는 정기적으로 예배에 참석했고, 매일 예수님께 기도하고 있다고 말했다.

그녀는 예수님이 사람들을 치유할 능력이 있다는 것을 확실하게 믿는다고 말했다. 예수님께 의지함으로써 악령들에게 저항하는 법을 배우게 된 것이다. 사람들이 예수님의 능력을 믿지 않을 때, 영적 공격을 이길 수 없다. 의사가 그녀의 치유됨을 보고 놀랐다고 한다. 더 이상 항우울제를 복용하지 않아도 되고 전에 가지지 못했던 기쁨을 찾았다고 한다.

나는 모든 정신적 질병을 영적인 방법으로 치료할 수 있다고는 믿지 않는다. 어떤 이들은 뇌 손상이 있을 수 있고, 어떤 이들은 의학적 치료를 필요로 한다. 사실 많은 경우 건강을 회복하도록 의사가 도울 수 있다. 하지만 어떤 경우에는 영적 치유가 필요하기도 한다. 이번이 그런 경우였다. 이 여인은 내가 강의하고 있는 "용서하기" 수업에 참석했다. 그녀가 매일 예수의 이름으로 사탄을 쫓고, 영적으로 성장해 가는 것을 보는 것은 나에게 큰 희망과 기쁨을 주었다.

"예수께서 열두 제자를 불러 모으사 모든 귀신을 제어하며 병을 고치는 능력과 권위를 주시고. 하나님의 나라를 전파하며 앓는 자를 고치게 하려고 내보내시며" (누가복음 9:1~2). "내가 너희에게 뱀과 전갈을 밟으며 원수의 모든 능력을 제어할 권능을 주었으니 너희를 해칠 자가 결코 없으리라" (누가복음 10:19).

하나님께서 우리에게 사탄을 이길 권세를 주셨다는 것을 잊지 말고 주님 안에서 승리하라.

7. 상심과 희망의 말씀

신디는 깊은 우울증과 심리적 외상 후 스트레스 장애(PTSD)를 겪었다. 그 증상은 그녀가 군대에 있을 때 일어났고 아픔을 마약으로 잊으려 하다 교도소까지 가게 되었다. 설상가상으로 자신이 어려움 속에 처해 있을 때 아버지가 돌아 가시기전 다리를 절단하고 심히 고통을 겪는 것을 보고 너무 마음이 아파서 오랜 시간을 울면서 보냈다. 그후 아무것에도 집중할 수 없었고, 자살 충동에 시달리면서 깊은 우울증에 빠졌다. 나는 신디에게 아버지를 잃은 아픔에서 야기된 슬픔, 분노, 용서, 자책감 등을 극복해야 하며, 기도를 통해 하나님께 아버지를 내려놓아야 한다고 말했다. 많은 부분에 치유를 받아야 하므로 하나씩 하나님의 도움으로 처리해 가라고 격려하였다.

신디는 물었다. "하나님 안에서 걷고, 뛰고, 힘을 가진다는 성경이 어디에 있어요?"

"이사야 40장을 읽어 보세요."

다음에 그녀를 만났을 때, 신디의 얼굴은 환했고 미소로 빛났다. 나는 하나님이 그녀를 치유하기 시작하셨음을 알 수 있었다.

"목사님이 말씀해 주신 이사야 40장을 읽었어요. 그 성경말씀을 읽는 중에 하나님은 내 마음을 위로해 주셨어요. 나의 아버지는 살아서는 걸을 수 없었어요. 하지만 지금 천국에서 걷고, 뛰고 계세요. 이곳에서 더 이상 고통을 받지 않고 천국에서 행복하게 계시다는 사실에 위안을 느껴요. 목사님 제안대로 기도를 통해서 마침내 아버지를 보내 드릴 수 있었어요. 이제 나는 마음에 평안을 느껴요. 아버지가 살아 계셨을 때 내 어린 아들을 잘 돌보라고 말씀 하셨는데 이제 나는 그렇게 할 거에요. 이제 더 이상 아버지를 잃은 것으로 슬퍼하지 않고 기쁜 마음으로 하나님께 모든 것을 감사하고 있어요."

그녀가 방향을 찾고, 앞으로 나아갈 수 있어서 매우 기뻤다. 신디는 그때부터 『최고의 성인들』이라는 아담스 카운티 교도소 수감자들이 쓴 책을 편집했고 기쁨을 찾았다. 상실감으로 우울함을 느끼고 힘이 없는 이들은 이사야를 읽고 매일매일 묵상하라.

"너는 알지 못하였느냐 듣지 못하였느냐 영원하신 하나님 여호와, 땅 끝까지 창조하신 이는 피곤하지 않으시며 곤비하지 않으시며 명철이 한이 없으시며 피곤한 자에게는 능력을 주시며 무능한 자에게는 힘을 더하시나니 소년이라도 피곤하며 곤비하며 장정이라도 넘어지며 쓰러지되 오직 여호와를 앙망하는 자는 새 힘을 얻으리니 독수리가 날개치며 올라감 같을 것이요 달음박질하여도 곤비하지 아니하겠고 걸어가도 피곤하지 아니하리로다" (이사야 40:28~31).

8. 근심과 걱정의 영

한 여인이 나에게 그녀는 항상 자기 아들과 딸들에게 나쁜 일이 일어날 거라는 걱정과 두려움으로 숨을 쉬기가 어려울 정도라고 했다. 나는 내가 아들로 인해서 걱정을 했을 때 하나님께서 한나와 같이 아들을 하나님의 사역에 드리는 기도를 하라고 하셔서 걱정이 생길 때마다 그 기도를 하면 걱정이 사라졌다고 말했다. 사탄이 그녀에게 자녀들이 잘못될 것이라는 근심의 생각을 심어 주려고 할 때마다 예수 이름으로 마귀를 물리치고 그런 생각들을 받아 들이지 말라고 했다. 나는 그녀에게 감정적, 영적 아픔으로부터 깨끗한 마음과 자유를 얻기 위해서 매일 성경을 읽고 묵상함으로써 하나님의 말씀을 마음에 심어야 근심과 걱정의 영이 공격 할 틈이 없다고 말했다. 잘못된 음성을 알아 차리고 저항하는 방법과 하나님의 살아 계신 말씀으로 대체하는 방법을 알려 주었다.

만약 당신이 심각하게 우울함을 겪고 있다면, 파괴적 음성을 받아 들이고 있는가를 생각해 보라. 하나님의 말씀으로 희망적인 생각을 갖기 위해서 그것들을 하나하나 극복하라. 치유는 얼마나 당신이 뒤틀린 논리를 수용하느냐와 그것을 얼마나 하나님의 말씀으로 대체하느냐에 달려있다. 그것이 바로 성경에서 어떠한 잘못된 생각에도 대항하라 하신 이유이다. 파괴적인 음성들을 제대로 구별하여 마음에 받아들이지 않을 때 평안을 찾을 수 있다.

요한은 "자녀들아 너희는 하나님께 속하였고 또 그들을 이기었나니 이는 너희 안에 계신 이가 세상에 있는 자보다 크심이라" (요한1서 4:4)라고 썼다. 베드로도 우리에게 영적 공격이 있다는 것을 경고한다. "그러므로 하나님의 능하신 손 아래에서 겸손하라 때가 되면 너희를 높이시리라 너희 염려를 다 주께 맡기라 이는 그가 너희를 돌보심이라 근신하라 깨어라 너희 대적 마귀가 우는 사자같이 두루 다니며 삼킬 자를 찾나니 너희는 믿음을 굳건하게 하여 그를 대적하라 이는 세상에 있는 너희 형제들도 동일한 고난을 당하는 줄을 앎이라 모든 은혜의 하나님 곧 그리스도 안에서 너희를 부르사 자기의 영원한 영광에 들어가게 하신 이가 잠깐 고난을 당한 너희를 친히 온전하게 하시며 굳건하게 하시며 강하게 하시며 터를 견고하게 하시리라 권능이 세세무궁하도록 그에게 있을지어다 아멘" (베드로전서 5:6~11).

9. 분노의 영과 용서

한 여인은 심한 우울증을 앓았다. 나는 그녀에게 과거로 돌아가 하나님께 용서를 구하고 마음을 정화시키는 일을 시작해 보라고 제안했다. 그렇게 한 이유는 많은 이들이 과거의 아픔과 고통을 이겨내지 못해서 분노와 슬픔을 가지고 있기 때문이다.

우리는 회개를 통해서 그녀의 마음이 정화되기를 하나님께 기도드렸다. 하나님은 그녀가 잊고 있었던 많은 것들을 회개하도록 도우셨고, 극복해야 할 영역 중 하나가 바로 그녀의 아버지와의 관계였음도 알게 하셨다.

"내가 어릴 때, 어머니가 돌아가셨어요. 그리고 아버지가 세 딸을 키우셨는데 매우 완고했어요. 언니가 어린나이에 임신을 했을 때 아버지가 언니를 집에서 쫓아내서 언니는 매우 고통을 받았어요. 십대 시절에 나도 임신을 했고 아버지의 거부 반응과 처벌이 두려워서 낙태를 했어요. 그후 나는 엄청난 죄책감과 수치심 때문에 고통속에서 헤매었어요. 만약 아버지가 그렇게 엄하지 않았다면 낙태를 하지 않았을 거에요. 공포심에서 그런 결정을 했어요. 아주 오랜 시간이 걸려서 마침내 저 자신을 용서할 수 있게 되었어요. 이젠 아버지도 용서해야 한다는 생각이 들어요."

"자신을 용서하는 것은 아주 중요해요. 또 아버지를 용서해야 한다는 생각은 하나님께서 당신이 분노를 오랫동안 간직한 것을 아시므로 치유 하시려는 거예요."

그녀는 아버지에 대한 분노를 지녀왔던 것에 대해 용서해 주시기를 하나님께 기도했다. 그리고 자신의 아버지를 용서한다고 하나님께 말씀드렸다. 약 일주 후, 하나님은 성경말씀을 통해 그녀에게 부족한 부분을 보여 주셨다. "네 부모를 공경하라 그리하면 네 하나님 여호와가 네게 준 땅에서 네 생명이 길리라" (출애굽기 20:12).

그녀는 자신이 아버지의 뜻에 반하는것 대신 순종함으로써 아버지를 공경해야 함을 배우게 되었다. 그녀의 관심은 이제 분노를 뛰어 넘어서 아버지에 대한 사랑과 존경의 회복에 있었다. 그 성경말씀은 그녀가 전에는 보지 못했던 것들을 볼 수 있는 동기를 부여했다. 우리는 용서하기 위해서 회개하고, 완전히 치유 되었다고 말하며, 존경 받을 만한 이들을 존경해야 한다. 이번 경우에는 그녀의 아버지였다. 그녀는 회개를 통해서 치유와 그 기쁨을 배웠다.

계속해서 떠오르는 아픈 생각에 고통을 받고 있는가? 생각할 때마다 경직된 감정을 느낀다면, 사람 혹은 사건들로 야기된 모든 감정들을 완전히 극복한 것이 아니다. 주님께 아픔을 극복할 수 있도록 도와 달라고 간구하라. 성경 읽기를 시작하라. 주님은 아픔과 상처들로부터 당신을 치유하실 것이다.

6장

성경에서 괴로움을 겪은 이들

성경에는 우울증이란 말은 없으나 우울증의 증세와 같이 절망, 공포, 실망, 낙심, 자살충동과 무력감으로 고통을 당한 사람들이 있다. 그들의 이야기들은 우리가 어려움을 당할 때 하나님을 의지해야 하고 하나님은 우리를 치유하실 수 있는 분이라는 것을 가르쳐 준다.

1. 엘리야 – 지침과 두려움으로 죽기를 원한 주의 종

엘리야는 기도했을 때 하늘로부터 제물을 태우는 불이 내려오고, 가뭄에는 비를 주시는 하나님의 능력을 체험한 믿음의 사람으로 유명하다. 그럼에도 불구하고 그는 하나님께 의지하는 대신 인간의 말을 두려워할 때 걱정과 두려움에 고통을 받았다. 그러나 하나님은 그를 회복할 계획을 가지고 계셨다.

"아합이 엘리야가 행한 모든 일과 그가 어떻게 모든 선지자를 칼로 죽였는지를 이세벨에게 말하니 이세벨이 사신을 엘리야에게 보내어 이르되 내가 내일 이맘때에는 반드시 네 생명을 저 사람들 중 한 사람의 생명과 같게 하리라 그렇게 하지 아니하면 신들이 내게 벌을 내림이 마땅하니라 한지라 그가 이 형편을 보고 일어나 자기의 생명을 위해 도망하여 유다에 속한 브엘세바에 이르러 자기의 사환을 그 곳에 머물게 하고 자기 자신은 광야로 들어가 하룻길쯤 가서 한 로뎀 나무 아래에 앉아서 자기가 죽기를 원하여 이르되 여호와여 넉넉하오니 지금 내 생명을 거두시옵소서 나는 내 조상들보다 낫지 못하니이다 하고 로뎀 나무 아래에 누워 자더니 천사가 그를 어루만지며 그에게 이르되 일어나서 먹으라 하는지라 본즉 머리맡에 숯불에 구운 떡과 한 병 물이 있더라 이에 먹고 마시고 다시 누웠더니 여호와의 천사가 또 다시 와서 어루만지며 이르되 일어나 먹으라 네가 갈 길을 다 가지 못할까 하노라 하는지라 이에 일어나 먹고 마시고 그 음식물의 힘을 의지하여 사십 주 사십 야를 가서 하나님의 산 호렙에 이르니라 엘리야가 그 곳 굴에 들어가 거기서 머물더니 여호와의 말씀이 그에게 임하여 이르시되 엘리야야 네가 어찌하여 여기 있느냐 그가 대답하되 내가 만군의 하나님 여호와께 열심이 유별하오니 이는 이스라엘 자손이 주의 언약을 버리고 주의 제단을 헐며 칼로 주의 선지자들을 죽였음이오며 오직 나만 남았거늘 그들이 내 생명을 찾아 빼앗으려 하나이다 여호와께서 이르시되 너는 나가서 여호와 앞에서 산에 서라 하시더니 여호와께서 지나가시는데 여호와 앞에 크고 강한 바람이 산을 가르고 바위를 부수나 바람 가운데에 여호와께서 계시지 아니하며 바람 후에 지진이 있으나 지진 가운데에도 여호와께서 계시지 아니하며 또 지진 후에 불이 있으나 불 가운데에도 여호와께서 계시지 아니하더니 불 후에 세미한 소리가 있는지라 엘리야가 듣고 겉옷으로 얼굴을 가리고 나가 굴 어귀에 서매 소리가 그에게 임하여 이르시되 엘리야야 네가 어찌하여 여기 있느냐 그가 대답하되 내가 만군의 하나님 여호와께 열심이 유별하오니 이는 이스라엘 자손이 주의 언약을 버리고 주의 제단을 헐며 칼로 주의 선지자들을 죽였음이오며 오직 나만 남았거늘 그들이 내 생명을 찾아 빼앗으려 하나이다 여호와께서 그에게 이르시되 너는 네 길을 돌이켜 광야를 통하여 다메섹에 가서 이르거든 하사엘에게 기름을 부어 아람의 왕이 되게 하고" (열왕기상 19:1~15). "그러나 내가 이스라엘 가운데에 칠천명을 남기리니 다 바알에게 무릎을 꿇지 아니하고 다 바알에게 입맞추지 아니한 자니라" (열왕기상 19:18).

엘리야가 지쳤을 때 천사가 음식을 주면서 엘리야를 도왔다. 자기의 목숨이 위험하다고 생각하고 두려운 마음이 들어 차라리 죽는 것이 낫겠다고 생각 했을 때, 하나님은 그에게 '하나님을 찾으라'는 지시를 하셨다. 우리가 삶에 지치고 또 마음에 두려움이 올 때 우리가 해야 할 일은 하나님을 찾는 일이다. 우리가 우울증에 시달린다면 하나님을 찾으려고 성경말씀과 기도로 시간을 더 보내야 한다.

엘리야는 하나님의 지시에 따랐다. 그는 공포에 얼어 있는 것이 아니라 하나님을 찾는 일에 집중했다. 그가 두려움으로부터 치유 받았을 때는 하나님의 음성을 들은 후였다. 하나님은 엘리야에게 그가 온 길로 돌아가서 새로운 왕에게 기름을 부으라 하셨다. 엘리야는 주님께 순종했다. 또 하나님은 그에게 그가 하나님을 믿는 유일한 사람이 아니라 칠천명을 남겨 두셨다고 하셨다.

엘리야의 이야기는 우울증으로 고통과 괴로움을 겪는 사람들에게도 희망을 준다. 우리가 감정적, 정신적, 영적으로 괴로움을 겪을 때, 하나님은 우리를 돕기 원하신다. 우리는 우리가 힘든 시기를 지나고 있을 때라도 혼자가 아님을 알아야 한다. 우리가 힘든 상황을 극복하려 할 때 하나님의 음성을 듣고 순종함으로 치유함을 받을 수 있다.

기도: "주님, 제가 사람, 혹은 힘든 상황을 두려워하지 않도록 도와 주세요. 주님의 명백한 음성을 듣고 따를 용기를 갖게 해 주세요. 아멘."

2. 사울 왕 – 불순종했을 때 악령에 의해 고통을 받음

사울은 주님의 말씀을 거역하고 난 후에 회개하지 않았을 때, 괴롭히는 악령으로부터 고통을 당했다.

"여호와의 영이 사울에게서 떠나고 여호와께서 부리시는 악령이 그를 번뇌하게 한지라 사울의 신하들이 그에게 이르되 보소서 하나님께서 부리시는 악령이 왕을 번뇌하게 하온즉 원하건대 우리 주께서는 당신 앞에서 모시는 신하들에게 명령하여 수금을 잘 타는 사람을 구하게 하소서 하나님께서 부리시는 악령이 왕에게 이를 때에 그가 손으로 타면 왕이 나으시리이다 하는지라 사울이 신하에게 이르되 나를 위하여 잘 타는 사람을 구하여 내게로 데려오라 하니 소년 중 한 사람이 대답하여 이르되 내가 베들레헴 사람 이새의 아들을 본 즉 수금을 탈 줄 알고 용기와 무용과 구변이 있는 준수한 자라 여호와께서 그와 함께 계시더이다 하더라 사울이 이에 전령들을 이새에게 보내어 이르되 양 치는 네 아들 다윗을 내게로 보내라 하매 이새가 떡과 한 가죽부대의 포도주와 염소 새끼를 나귀에 실리고 그의 아들 다윗을 시켜 사울에게 보내니 다윗이 사울에게 이르러 그 앞에 모셔 서매 사울이 그를 크게 사랑하여 자기의 무기를 드는 자로 삼고 또 사울이 이새에게 사람을 보내어 이르되 원하건대 다윗을 내 앞에 모셔 서게 하라 그가 내게 은총을 얻었느니라 하니라 하나님께서 부리시는 악령이 사울에게 이를 때에 다윗이 수금을 들고 와서 손으로 탄즉 사울이 상쾌하여 낫고 악령이 그에게서 떠나더라" (사무엘상 16:14~23).

고통을 당하는 와중에도 사울은 주님께 돌아가 치유함을 구하는 대신 단기책을 제시하는 사람의 말을 들었다. 하나님은 다윗과 함께 하셨고, 그의 연주는 사울을 괴롭히는 영으로부터의 잠시나마 놓여서 위안을 주었다.

이것은 우리가 불순종하고 주님께 돌아가지 않을 때, 악령에 의해서 괴롭힘을 당할 수 있다는 것을 말해 준다. 하나님을 멀리하는 삶은 악령들에게 문을 열어 준다. 많은 이들이 육체적 문제가 없음에도 감정적, 영적인 아픔을 겪는다. 만약 당신이 그렇다면, 주님께 돌아가 도움을 구하고 자신의 죄를 회개하라. 고통을 주는 영에게 저항하기 위한 영적인 힘을 가지기 위해서 우리는 예수님과 지속적으로 동행하고 하나님의 말씀에 순종하는 삶을 살아야 한다.

다윗이 사울을 도울 수 있었던 이유는 하나님께서 다윗과 함께하셨기 때문이다. 우리는 우리의 영적 성장과 치유를 위해서 하나님을 경외하는 사람들과 교제할 필요가 있다. 예배 참석과 성경공부, 기도모임을 통해서 하나님과 가까이 걷는 사람들에게 배움이 매우 중요하다.

기도: "주님, 사람들을 의지한 것을 용서해 주시고 하나님의 말씀에 순종하도록 도와 주세요."

3. 요나 – 불순종으로 물고기 뱃속에서 고난을 당함

요나는 불순종으로 인해 큰 고통을 겪었다. "여호와의 말씀이 아밋대의 아들 요나에게 임하니라 이르시되 너는 일어나 저 큰 성읍 니느웨로 가서 그것을 향하여 외치라 그 악독이 내 앞에 상달되었음이니라 하시니라 그러나 요나가 여호와의 얼굴을 피하려고 일어나 다시스로 도망하려 하여 욥바로 내려갔더니 마침 다시스로 가는 배를 만난지라 여호와의 얼굴을 피하여 그들과 함께 다시스로 가려고 뱃삯을 주고 배에 올랐더라 여호와께서 큰 바람을 바다 위에 내리시매 바다 가운데에 큰 폭풍이 일어나 배가 거의 깨지게 된지라" (요나 1:1~4).

만약 요나가 폭풍이 일어난 시점에서 회개하고 주님께 순종했다면, 그의 삶은 순탄했을 것이고 3일 동안이나 물고기 뱃속에서 고생하지 않았을 것이다. 회개하는 대신 요나는 다른 뱃사공에게 그를 바다에 던져 버리라고 말했다. 그는 주님께 순종하는 대신 죽으려 했던 것이다. 요나가 깨닫지 못했던 것은 심지어 바다 속이라 해도 그의 삶은 그의 것이 아니라 주님의 것이라는 점이었다. 하나님은 그를 삼킬 물고기를 준비하셨다. 물고기 뱃속에서 요나는 너무나 힘든 나머지 하나님께 울며 도움을 청했다.

"요나가 물고기 뱃속에서 그의 하나님 여호와께 기도하여 이르되 내가 받는 고난으로 말미암아 여호와께 불러 아뢰었더니 주께서 내게 대답 하셨고 내가 스올의 뱃속에서 부르짖었더니 주께서 내 음성을 들으셨나이다 주께서 나를 깊음 속 바다 가운데에 던지셨으므로 큰 물이 나를 둘렀고 주의 파도와 큰 물결이 다 내 위에 넘쳤나이다 내가 말하기를 내가 주의 목전에서 쫓겨났을 지라도 다시 주의 성전을 바라보겠다 하였나이다 물이 나를 영혼까지 둘렀사오며 깊음이 나를 에워싸고 바다 풀이 내 머리를 감쌌나이다 내가 산의 뿌리까지 내려갔사오며 땅이 그 빗장으로 나를 오래도록 막았사오나 나의 하나님 여호와여 주께서 내 생명을 구덩이에서 건지셨나이다 내 영혼이 내 속에서 피곤할 때에 내가 여호와를 생각하였더니 내 기도가 주께 이르렀사오며 주의 성전에 미쳤나이다 거짓되고 헛된 것을 숭상하는 모든 자는 자기에게 베푸신 은혜를 버렸사오나 나는 감사하는 목소리로 주께 제사를 드리며 나의 서원을 주께 갚겠나이다 구원은 여호와께 속하였나이다 하니라 여호와께서 그 물고기에게 말씀하시매 요나를 육지에 토하니라" (요나 2:1~10).

우리는 자연 재해나 우리의 약함, 그리고 다른 사람들의 비신앙적 행위로 인한 고통과 아픔을 겪을 수 있다. 반면 우리 자신의 잘못으로 고통과 아픔을 일으키는 경우도 있다. 슬픈 사실은 우리가 그것을 깨닫지 못할 수도 있다는 것이다. 우리는 우리의 상황을 살피고, 불순종과 믿음이 없는 삶으로 인해 고통과 아픔이 생긴 것이 아닌지를 살펴 보아야 한다. 만약 우리가 주님께 불순종 했다면, 즉각 회개해야 한다.

기도: "예수님, 저의 불신앙적인 삶과 불순종으로 주님을 거역한 어떤 죄가 있다면 회개시켜주시고 용서해 주세요. 무엇이 옳고 그른지를 알 수 있게 해 주세요. 주님을 사랑하고 순종할 수 있도록 도와 주세요."

4. 하박국 – 재앙의 공포속에서도 하나님을 찬양함

선지자 하박국은 주님께 등을 돌린 자기 민족이 다른 민족에 의해 침략당할 것이라는 주님의 말씀을 들었다. 하박국이 재앙이 다가오는 것을 기다리는 동안, 자신이 얼마나 혼란스럽고 고통스러운지, 또한 어떻게 그 고통을 극복할 것인지를 기록했다.

"내가 들었으므로 내 창자가 흔들렸고 그 목소리로 말미암아 내 입술이 떨렸도다 무리가 우리를 치러 올라오는 환난 날을 내가 기다리므로 썩이는 것이 내 뼈에 들어왔으며 내 몸은 내 처소에서 떨리는도다 비록 무화과나무가 무성하지 못하며 포도나무에 열매가 없으며 감람나무에 소출이 없으며 밭에 먹을 것이 없으며 우리에 양이 없으며 외양간에 소가 없을지라도 나는 여호와로 말미암아 즐거워하며 나의 구원의 하나님으로 말미암아 기뻐하리로다 주 여호와는 나의 힘이시라 나의 발을 사슴과 같게 하사 나를 나의 높음 곳으로 다니게 하시리로다" (하박국 3:16~19).

하박국은 고난의 시기에도 어려움을 이길 수 있는 힘이 바로 하나님께로부터 오는 것을 알고 그분을 찬양했다. 우리는 힘든 시기에 희망과 기쁨을 잃어버릴 수 있다. 하지만 주님이 우리를 돕기 위해 하실 수 있는 일들에 대해서 생각하고 기뻐할 수 있다. 때로는 우리 자신의 죄와 실수로, 때로는 다른 사람의 죄로 인해 고통을 받을 수 있다. 그때는 주님으로부터 돌아서서 화를 내는 때가 아니라 자비, 긍휼을 바라며 주님께 돌아갈 때인 것이다. 우리는 어려운 상황 속에서 아픔이 있을지라도 주님 안에서 기뻐하는 법을 배울 수 있다.

기도: "주님, 제가 심한 고통과 아픔을 겪을 때도 주님의 평안과 기쁨을 갖게 해 주세요."

5. 예수님 – 죽음에 직면해 슬픔을 기도로 싸우심

예수님은 죄가 없으시나 고문, 조롱, 아픔, 고통을 겪으셨고, 우리의 죄를 위해 십자가에서 죽으셨다. 마태는 예수님이 어떻게 고통을 견디셨는지를 묘사했다.

"이에 예수께서 제자들과 함께 겟세마네라 하는 곳에 이르러 제자들에게 이르시되 내가 저기 가서 기도할 동안에 너희는 여기 앉아 있으라 하시고 베드로와 세베대의 두 아들을 데리고 가실새 고민하고 슬퍼하사 이에 말씀하시되 내 마음이 매우 고민하여 죽게 되었으니 너희는 여기 머물러 나와 함께 깨어 있으라 하시고 조금 나아가사 얼굴을 땅에 대시고 엎드려 기도하여 이르시되 내 아버지여 만일 할 만하시거든 이 잔을 내게서 지나가게 하옵소서 그러나 나의 원대로 마시옵고 아버지의 원대로 하옵소서 하시고" (마태복음 26:36~39).

예수님은 우리가 어려움에 처했을 때 모든 것을 내려

놓고 하나님의 뜻이 우리의 삶에 이루어지기를 위해 기도해야 한다는 것을 가르쳐 주신다. 우리가 인생에서 어찌할 수 없는 것들이 있다. 우리의 건강, 직장, 물질, 그리고 가족과 가까운 사람들을 잃게 될때 아픔과 깊은 슬픔에 빠지게 될 수 있다. 상실감과 슬픔을 극복하기 위해 믿음과 지혜를 달라고 기도하라. 어쩔 수 없는 상황들이 있을 때 낙망하지 말고 모든 것을 하나님께 내려놓고 주님의 뜻을 구하라.

기도: "예수님, 저의 죄를 위해 십자가에서 고난을 당하시고 죽으신 것에 감사드립니다. 저의 고통과 아픔을 치유해 주세요. 저의 모든 슬픔과 아픔을 내려놓습니다. 하나님의 뜻을 알고 그것을 실천하고 평안과 기쁨을 찾을 수 있기를 기도합니다."

6. 바울 – 사형선고 받은 것 같은 어려움

바울은 전도를 시작한 후, 그는 심한 박해와 어려움을 겪었다. 그러나 그는 복음을 전하는 것을 포기하지 않았고, 주님을 섬기면서 어려움을 이기는 방법을 배워서 우리에게 가르쳐준다.

"찬송하리로다 그는 우리 주 예수 그리스도의 하나님이시요 자비의 아버지시요 모든 위로의 하나님이시며 우리의 모든 환난 중에서 우리를 위로하사 우리로 하여금 하나님께 받는 위로로써 모든 환난 중에 있는 자들을 능히 위로하게 하시는 이시로다 그리스도의 고난이 우리에게 넘친것 같이 우리가 받는 위로도 그리스도로 말미암아 넘치는도다 우리가 환난 당하는 것도 너희가 위로와 구원을 받게 하려는 것이요 우리가 위로를 받는 것도 너희가 위로를 받게 하려는 것이니 이 위로가 너희 속에 역사하여 우리가 받는것 같은 고난을 너희도 견디게 하느니라 너희를 위한 우리의 소망이 견고함은 너희가 고난에 참여하는 자가 된 것 같이 위로에도 그러할 줄을 앎이라 형제들아 우리가 아시아에서 당한 환난을 너희가 모르기를 원하지 아니하노니 힘에 겹도록 심한 고난을 당하여 살 소망까지 끊어지고 우리는 우리 자신이 사형 선고를 받은줄 알았으니 이는 우리로 자기를 의지하지 말고 오직 죽은 자를 다시 살리시는 하나님만 의지하게 하심이라" (고린도후서 1:3~9).

바울은 하나님을 섬김으로 말미암아 죽을 고비를 많이 넘기고 사형선고를 받은것 같은 고난을 받았다. 무언가 선한 일을 했는데 오해 받거나 박해를 당한다면, 주님께서 다 알고 계신다. 주님께 지켜 주실 것을 간구하라. 어려움 속에서도 하나님께 의지하는 것을 배우면 사도바울 같이 치유를 얻고 다른 사람들을 위로할 수 있다.

기도: "예수님, 저의 아픈 마음을 치유해 주시고 당신을 사랑하고 섬기는 데에 집중할 수 있도록 도와 주세요. 저에게 지혜를 주셔서 제가 어려움 속에서 배워야 하는 레슨을 배우고 당신만을 의지하게 도와주세요."

7장
우울증의 원인들

우울증을 겪는 사람들은 아픈 사람들이다. 그 아픔을 육체적, 감정적, 영적인 아픔으로 나눌 수 있다.

육체적 아픔

- 육체적 병: 오랫동안 질병과 아픔으로 고통을 당하고, 치유의 희망이 없다고 느끼는 사람들은 우울증으로 어려움을 당할 수 있다.
- 신경정신학적, 혹은 화학적 문제: 신경정신학적, 혹은 화학적 불균형으로 고통을 당하는 사람들이 우울증을 겪을 수 있다.

감정적 아픔

감정적 아픔은 치유를 받지 않으면 우울증을 가져올 수 있다. 하나님의 말씀을 읽고, 기도함으로써 감정적 치유가 시작되며 우울증을 야기하는 원인들을 알고 문제를 하나씩 해결해 나갈 때 치유함을 받을 수 있다. 다음은 감정적으로 아픔을 느끼게 하는 여러가지 원인들이다.

- 사랑하는 이의 죽음과 이별: 사랑하는 이를 죽음으로 잃었을 때 슬픔, 죄책감, 분노, 외로움, 용서못함 등 여러가지로 고통을 겪으며 상실감을 극복하지 못할 때.

- 이혼 등 사랑하는 사람과의 관계가 끝이 났을 때: 끝난 관계로 인한 슬픔과 상실감을 다루지 못할 때.
- 무가치하다는 생각: 삶의 가치와 의미를 느끼지 못하고 절망감속에 헤맬 때.
- 중독 문제: 술, 마약, 심지어 처방약 중독으로 생각과 마음을 조정할 능력을 잃었을 때.
- 경제적 문제: 경제적인 문제로 탈출구가 없다고 생각하고 낙심과 무력감을 느낄 때.
- 다른 이들의 거절: 가족과 친구들로부터 사랑과 인정과 포용을 받지 못할 때.
- 삶의 목적과 방향이 결여되었을 때: 물질, 사람, 직업, 혹은 심지어 술과 마약으로 자신의 공허함을 채울 때.
- 극심한 스트레스와 학대가 지속될 때: 전쟁, 수감, 자연재해, 가치관의 충돌, 정신적 질병, 학대 등의 지속적인 아픔과 스트레스에서 벗어나지 못할 때.
- 분노를 극복하지 못하고, 용서하지 못할 때: 남을 용서하고 자신의 분노를 다스리지 못할 때.
- 자기애 결핍: 자신에 대한 사랑이 부족하여 자기자신을 용서하지 못하고 죄책감과 수치심에 시달릴 때.

영적 아픔

우울증은 영적 아픔으로 유발될 수 있다. 그 두가지 원인은 기쁨을 빼앗아가고 영적 침체를 가져오는 뒤틀린 논리와 영적 공격에서 오는 영적 억압이다.

뒤틀린 논리:

우리의 마음은 영적 전쟁터이다. 혼돈의 생각이 심어지고, 경작되고, 사람들에게 아픔과 고통의 영적 감옥이 생기는 곳이다. 우울증에 시달리는 많은 사람들이 파괴적 생각과 하나님의 말씀에 반하는 음성을 듣는다. 절망의 영으로부터 '삶이 무가치하며 희망이 없다'고 말하는 부정적인 생각을 받아들이는 사람은 자신과 다른 사람들의 삶을 폄하하기도 한다. 그러한 뒤틀린 음성은 사람들을 슬픔, 분노, 무력감을 가져오고 우울증에 빠지게 할 수 있다. 바울은 우리의 영적인 전쟁이 생각에서 일어나고 있다는 것을 말해준다. "우리가 육신으로 행하나 육신에 따라 싸우지 아니하노니 우리의 싸우는 무기는 육신에 속한 것이 아니요 오직 어떤 견고한 진도 무너뜨리는 하나님의 능력이라 모든 이론을 무너뜨리며 하나님 아는 것을 대적하여 높아진 것을 다 무너뜨리고 모든 생각을 사로잡아 그리스도에게 복종하게 하니" (고린도후서 10:3~5).

뒤틀린 논리는 우리를 죄에 빠지게 할 수 있고 죄는 우리에게 영적 침체를 가져올 수 있다. 영적 침체는 기쁨이 없는 상태로서 우울증을 야기 할 수도 있다. 사탄도 뒤틀린 논리로 우리를 공격하나 모든 뒤틀린 생각이 마귀의 짓은 아니다. 다음은 뒤틀린 논리를 유발하는 여섯가지 원인들이다.

1. 우리 자신의 뒤틀린 생각

우리에게는 선한 생각도 있지만 죄성도 함께 있어서 뒤틀린 생각으로 하나님께 불순종할 수 있다. 아담과 이브가 에덴동산에서 왜 하나님의 말씀을 거역했는가? 그들은 자기들의 잘못된 논리를 의지하고 하나님의 말씀을 순종하지 않았기 때문이다. 우리가 아담과 이브보다 나은 사람들인가? 아니다. 우리들도 그들과 같이 비논리적인 생각과 반항적인 마음으로 죄에 빠지기 쉽다. 그래서 하나님의 말씀으로 우리가 올바르게 생각하고 무엇이 잘못된 생각이라는 것을 알고 회개해야 한다.

2. 우리의 가족들의 영향

우리의 가족들이 하나님을 사랑하고 순종하면 긍정적인 영향을 주나 그렇지 않을 때는 뒤틀린 논리로써 우리를 죄에 빠지게 영향을 줄 수 있다. 아담은 이브를 도와서 죄에 빠지는 것을 바로잡거나 멈추는 대신 자신도 불순종하여 죄에 빠졌다. 그들은 자기들의 판단을 믿었고, 사탄의 뒤틀린 논리를 받아들였다. 그들의 죄에 대한 심판은 고통과 죽음이었다.

우리를 좋은 길로 인도하는 가족들도 있다. 그러나 만약 가족들이 우리를 뒤틀린 논리를 가르치거나 또 학대할 때 우리는 분노와 절망감을 느끼게 되고 고통을 받을 수 있다.

3. 우리의 문화와 미디어의 영향

세상의 가치관은 하나님과의 가치관과 다르다. 뒤틀린 논리 중 하나가 피부색, 성별, 나이, 학력, 빈부의 차이 등 다른 이들에 대한 선입견으로 사람을 평가하는 것이다. 그것은 하나님의 가치에 반하는 것이다. 하나님은 모든 사람을 평등하게, 귀하게 자신의 형상을 본 떠서 만드셨다. 우리는 하나님의 가치처럼 서로를 가치있게 여기는 법을 배울 필요가 있다. 그것을 배우지 못할 때 우리는 열등감 아니면 우월감으로 시달리게 된다. 이것들은 다 하나님 앞에서 인간적인 가치관을 하나님의 말씀보다 높이는 것이다. 대중매체는 사람들의 가치관을 나타내는 좋은 예가 될 수 있다. 만약 매체가 하나님의 가치관과 기준을 가지고 있다면, 그것은 좋은 도덕관을 배우고 발전 시키도록 우리를 도울 수 있다. 그러나 하나님의 가치를 가지지 않고, 말씀에 반하는 사람들에 의해 뒤틀린 가치관을 가지고 만들어진 음악, 도서, 예술과 다른 것들이 우리의 가치관에 영향을 줄 수 있다. 만약 우리가 그들에게 지속적으로 노출이 된다면, 뒤틀어진 논리를 가진 사람들의 영향을 받을 수 있다.

4. 친구나 타인들의 영향

우리가 어떤 사람들과 가까이 지내는 가를 잘 생각하고 결정해야 한다. 다른 사람들에게서 듣는 말들이 우리에게 긍정적, 혹은 부정적으로 영향을 줄 수 있기 때문이다. 하나님의 말씀을 순종하고 사랑을 하는 사람들은 모든 사람들의 가치를 알고 인정해 준다. 예수님께서 우리 한 사람 한 사람을 위해서 십자가에 돌아 가시기까지 사랑하셨다는 것을 믿고 다른 사람들을 절대로 무시하거나 천대하지 않는다. 이런 사람들은 우리에게 사랑을 가르쳐 주고 긍정적인 생각을 가져다 준다. 우리가 하나님의 사랑을 알고 사랑을 실천하려고 할 때 기쁨이 오며 우울증이 달아난다. 사랑은 우울증을 치료하는 약이다.

그러나 우리가 하나님의 사랑에 대한 지식이 부족하다면, 하나님의 가치를 가지지 못한 사람이 우리를 잘못된 가치관으로 이끌 수 있다. 바울은 그런 것에 대해서 경고했다. "속지 말라 악한 동무들은 선한 행실을 더럽히나니 깨어 의를 행하고 죄를 짓지 말라 하나님을 알지 못하는 자가 있기로 내가 너희를 부끄럽게 하기 위하여 말하노라" (고린도전서 15:33~34). 사랑을 하지 못하는 사람들은 뒤틀린 생각을 가진 사람들이다. 그런 사람들과 오랫동안 시간을 보내면 부정적인 영향을 받아 우리도 뒤틀린 생각을 가지게 될 가능성이 많아진다.

5. 잘못된 영적인 지도자들의 영향

영적인 인도자가 성경에 대한 지식이 있을지라도 하나

님의 말씀을 왜곡하여 뒤틀린 논리를 가르칠 수 있다. 하나님과 이웃을 사랑하는 것을 초점을 두지 않고 잘못된 사고방식을 가르치는 사람들은 다른 사람들을 잘못된 생각과 행동으로 인도한다.

예수님을 믿지 않은 바리새인들과 영적인 지도자들은 질투심에 눈이 멀어 결국 무죄한 예수님을 십자가에 못박아 죽이게 했다. 뒤틀린 생각이 무죄한 사람을 죽음까지 몰아갈 수 있음을 보여준다. 잘못된 영적인 지도자의 뒤틀린 생각을 감지하지 못할 때 사람들은 그 영향을 받고 죄에 빠질 수 있음을 보여준다.

사도바울은 그리스도를 따르지 않고 세상 지식을 따르는 것에 대한 경고를 했다. “누가 철학과 헛된 속임수로 너희를 사로 잡을까 주의하라 이것은 사람의 전통과 세상의 초등학문을 따름이요 그리스도를 따름이 아니니라” (골로새서 2:8)라고 썼다.

사람의 생각과 교훈을 물리치고 하나님의 말씀에 순종하고 예수님을 따라야 우리의 마음의 창문이 깨끗해지고 사물과 사람들을 명백하게 보게되고 아름다움을 볼 수 있게 된다. 어떠한 영적인 지도자를 따르는 가에 따라서 우리는 잘못된 생각에서 해방될 수 있는가 아니면 뒤틀린 논리에 영향을 받고 죄에 빠지는 삶을 살게 되는 가가 결정된다.

6. 사탄의 영향

사탄은 뒤틀린 논리와 생각을 사용하여 우리의 마음을 공격하는데 그것을 하나님의 말씀으로 물리치지 않으면 무기력과 절망과 낙망에 빠지며 영적 침체는 물론 우울증에 빠질 수 있다. 잘못한 것이 없는데도 마음에 정죄하는 생각이 들어오면 그것은 사탄의 음성이다. 성경은 우리에게 사탄이 참소자라고 말씀하신다. “내가 또 들으니 하늘에 큰 음성이 있어 이르되 이제 우리 하나님의 구원과 능력과 나라와 또 그의 그리스도의 권세가 나타났으니 우리 형제들을 참소하던 자 곧 우리 하나님 앞에서 밤낮 참소하던 자가 쫓겨났고” (요한계시록 12:10).

예수님 또한 성경 구절의 의미를 왜곡하는 사탄에 의해 시험 받으셨다. 사탄은 높은 곳에서 뛰어 내리라고 예수님을 부추기며, 성경말씀을 인용해서 천사가 구할 것이라고 했다. 예수님은 하나님을 시험해서는 안된다고 말씀으로 공격을 막아내셨다 (누가복음 4:12).

사탄도 성경말씀을 알고 왜곡해서 우리를 죄악 가운데 떨어뜨리려 한다. 우리가 하나님의 말씀으로 사탄을 대항하지 않으면 사탄은 비논리적 사고의 씨앗을 우리 마음에 심으려고 한다. 우리가 하나님의 말씀을 모르거나 왜곡할 때, 사탄은 그것을 더욱 뒤틀고, 우리가 죄에 빠질 수 있는 길로 가게 할 수 있다. 이것은 괴롭히는 영에게 영적 공격의 문을 열어 주는 것이며 영적 압박으로 고통을 당하게 된다. 그 공격은 밤낮을 가리지 않고 일어날 수 있다. 어떤 이들은 잠자는 동안에도 악몽으로 공격을 당한다. 죄를 회개하고 하나님의 말씀으로 잘못된 생각을 바꾸고 변화된 삶을 살아야 영적인 전쟁에서 승리할 수 있다.

영적 공격

다음은 어떻게 악령들이 우리에게 영적으로 공격하여 아픔을 가져다 주는 가를 알려준다.

1. 혼란의 영

사탄이 괴롭히는 다른 방법은 사람들에게 영적 세계를 보여줌으로써 혼란을 주는 것이다. 사탄은 예수님께 온 세상을 보여 주며 자신을 경배하도록 부추겼다. 어떤 이들은 영적 세계를 듣고, 보고, 느낄 수 있다. 영적인 것들과 대면했을 때, 자신이 정신이 돌은 것이 아닌가 하는 생각도 한다. 어떤 이들은 검은 그림자를 보면 두려움을 느끼는 사람도 있다. 충격을 받은 이들은 혼란의 영에게 공격을 받을 수 있다. 그럴 때는 하나님을 의지하고 기도하고 마귀를 물리치면 아픔과 고통을 극복할 수 있다.

2. 비난의 영

비난의 영으로부터 고통을 당하는 이들은 그들의 마음에 자신이 선하지 않으며, 용서 받을 수 없다고 말하는 음성을 듣는다. 그래서 그들은 무력감, 희망이 없다는 생각, 자신의 삶이 의미와 가치가 없다는 생각을 가지게 된다. 위에 나열된 바와 같은 비난의 영에 의한 음성이 우리를 절망과 우울함으로 이끄는 반면 성령님에 의한 죄의 책망은 우리가 회개할 때 마음에 평안함을 갖게 한다. 우리가 하나님께 용서를 구한 후에도 비난의 영은 하나님은 우리를 용서하지 않으실 거라고 말한다. 그것을 믿지 말라. 그것은 사탄의 거짓말이다.

예수님은 우리를 용서하기 위해서 십자가에서 죽으셨다. 십자가에서 죽으심으로 우리의 죄는 씻겼으며, 만약 우리가 회개하고, 용서를 구하면 우리를 깨끗게 하신다. 비난의 영은 사람들을 죄책감, 수치심, 그리고 자기혐오의 감옥에 가둔다. 하나님의 말씀을 통해 그 비난의 영에 저항하는 방법을 배운다면, 고통스러운 생각들로부터 자유로워질 것이다.

불행하게도 많은 신자들이 비난의 영에 의해서 고통을 당한다. 사탄은 하나님의 말씀을 왜곡해서 사람들을 비난하고, 무가치함을 느끼게 만든다. 우리는 비난의 영이 공격할 때 하나님의 말씀으로 대적하여 자유와 치유를 체험할 수 있다.

3. 절망과 자살의 영

절망의 영은 사람들이 자신과 타인의 가치를 폄하하도록 기만한다. 하나님이 창조하신 만물은 선한 것들이며, 사람도 하나님의 형상을 따라서 만들어졌기에 선한 하나님의 인격을 그대로 가지고 있다. 자신과 타인을 폄하하는 생각은 악령에게서 오며 그것에 대항해야만 한다.

절망의 영에 대항하지 않는다면 그 다음에는 더 강력한 자살의 영이 당신을 괴롭힐 수 있다. 자살하라는 음성을 물리치지 못하는 사람들은 그런 의도가 없었음에도 불구하고 자살을 시도한다. 예수님은 어둠속에 갇혀있는 영적인 죄수들을 석방하기 위해서 오셨다. 하나님을 믿는 우리들은 하나님, 자기 자신, 다른 사람에 대한 사랑을 가리는 그 어떤 것에도 대항할 수 있는 힘을 가졌다. 오직 성경말씀에 의지하여 하나님 중심의 선과 악을 구별할 수 있다. 주님에 대한 경외감과 성경말씀에 대한 지식이 없이는 사탄의 파괴적 음성을 깨닫기 어렵다. 하나님의 능력으로 절망과 자살의 악령에게서 해방을 받을 수 있다.

4. 분노와 용서하지 못하는 영

용서는 우리를 고통의 악령으로부터 우리를 해방시키고, 인간의 약함과 죄에 초점을 맞추는 것을 피할 수 있게 한다. 우리는 하나님의 말씀에 순종함으로써 다른 이들을 용서하고 축복할 수 있다.

많은 사람들이 분노와 비탄으로 고통을 당하고 용서하지 못하는 영에 시달리고 있다. 우리가 용서하지 않는 한, 사탄은 우리의 죄성을 이용하여 계속 불순종의 삶을 살게 하려고 노력한다. 우리가 용서하기로 결심할 때, 사탄은 우리에 대한 영향력을 잃게 된다. 때로는 용서하기로 결심했음에도 불구하고 용서하지 못할 때가 있다. 그 때는 분노를 지니고 있는 것에 대해서 주님께 용서를 구하고, 주님께 도움을 청하라. 하나님은 용서할 수 있는 힘을 주신다. 중요한 것은 주님께 순종하려고 노력하는 것이다. 용서함은 과정이며 시간이 걸릴 수 있다. 그러나 하나님의 도우심으로 우리는 용서할 수 있다.

5. 공포와 근심의 영

많은 이들이 공포와 근심의 영에 의해서 영향을 받는다. 공포와 근심은 당연한 듯 하지만, 대개의 경우 그렇지 못하다. 어떤 이들은 심적 외상을 입어 고통스러워 한다. 그들은 그 상처를 극복하는 것과 벌어진 일에 대한 나쁜 기억을 치유 받아야 한다. 그들의 근심과 공포는 그들이 겪은 경험에 기초를 두고 있다. 그들은 주님의 치유하심이 필요하다. 또 어떤 이들은 근심과 공포를 겪을 이유가 없고, 심적 외상도 없으나 걱정해야 할 무엇이 있다는 악한 영들의 음성을 듣는다.

공포에 젖어 사는 동안 사람들은 평안을 가질 수 없다. 오직 하나님께만 참된 평안이 있고 하나님께 나아오는 우리에게 참 평안을 주신다. 많은 사람들이 악령이 우리 마음에 공포와 근심을 심는다는 사실을 깨닫지 못한다. 사람들은 이유없이 공황 상태에 빠지고, 다른 이들로부터 자신을 고립시키려 애쓴다. 우리는 그러한 사람들이 맘속에 생각하는 것들을 지켜 볼 필요가 있다. 하나님만이 우리의 마음을 공포와 근심으로부터 치유하실 수 있다. 하나님의 말씀을 묵상함으로써 공포와 근심의 영을 쫓아낼 수 있다.

6. 집착의 영

집착의 악령에 공격을 받고 있는 이들은 자신의 생각을 조정하는 데에 어려움을 겪는다. 그들은 원하지 않을 때도 계속 잘못된 생각으로 사로 잡힌 사람같이 생각을 바꾸기가 어렵다. 그런 일이 있을 때 어떤 종류의 집착으로 어려움을 당하고 있는 지를 면밀히 관찰해야 한다. 악령은 사람들의 집착된 생각과 행동을 사용한다. 술과 약물중독에 시달리는 사람들 중에 집착의 영에 사로잡힌 사람들이 많다. 집착의 영에 시달리는 사람들은 그들의 생각을 정결하게 하고, 잘못된 생각과 삶에 대해 회개해야 하며, 주님께 돌아가 도움을 구해야 한다. 그래야 그들은 집착의 영에서 자유를 얻으며 자신의 삶과 생각을 자기 의지대로 조정할 수 있다.

심적 외상과 집착을 가진 사람들은 자신의 의지에 의한 생각과 행동을 하기 어렵다. 슬픔과 상실감은 극심한 아픔을 가져오고, 사람들이 흔들리게 만든다. 사랑하는 이를 잃었을 때 슬퍼하는 것은 자연적인 것이다. 하지만 슬픔이 매일 반복 된다면, 그들은 집착의 영에 의해서 고통을 당할 수 있다. 사망이나 이혼으로 사랑하는 이를 잃었을 때, 어떤 사람들은 살 이유가 없다고 생각할 수도 있다. 사랑하는 이들을 하나님께 내려놓음으로써 치유를 받아야 한다.

우리가 받은 것이 우리의 것이 아니라 하나님이 주신 일시적인 선물이라는 것을 깨닫는다면 하나님이 우리에게 바라시는 시각을 가질 수 있다. 우리는 모든 것을 잃은 욥의 반응을 통해 절망과 상실감을 어떻게 다루어야 하는지 알 수 있다. 하나님이야 말로 모든 상황, 특히 절망과 상실감 가운데서 희망을 주시는 분이다. 하나님을 의지하고 기도함으로 집착의 영을 물리칠 수 있다.

7. 고통의 영

육체적 고통을 주는 악령이 있다. 사실 아무런 육체적 문제가 없음에도 불구하고 악령이 공격할 때 가슴에 아픔을 느낀다. 어떤 경우에는 사탄으로 인한 육체적 문제가 있을 수도 있다. 사탄이 떠나면, 그 사람들은 치유된다. 많은 이들은 그들의 극심한 가슴의 아픔이 이 괴롭히는 영에 의해 온다는 사실을 깨닫지 못한다.

믿음을 가지고 예수님의 이름으로 사탄을 몰아 내는 기도를 통해 괴롭히는 영으로부터 해방된다. 만약 그 사탄이 예수님의 이름으로 꾸짖은 후에도 바로 떠나지 않는다면, 무엇이 더 필요한가를 살펴 보라.

하나님에 대한 믿음의 부족이거나 죄악된 삶은 살고 있나 살펴보라. 죄는 사탄으로 하여금 당신을 붙잡게 하는 요소이다. 회개하고, 죄를 짓지 말며, 하나님에 대한 믿음을 가져라. 그래야 고통을 주는 마귀로부터 자유로워지고 강해질 수 있다. 온전히 치유받기 위해서 무엇을 해야할 지를 주님께 여쭈어보라.

하나님은 우리가 고통스러운 생각들로 우울해 지는 것을 원치 않으시고 평안과 기쁨 속에 살기를 원하신다. 마귀에게 고통을 받고 있는 사람들은 이 평안과 기쁨의 삶이 마귀를 쫓는 일에서부터 시작된다. 그래서 예수님은 예수님을 믿는 사람들에게 사탄을 이길 힘과 권위를 주셨다.

“칠십 인이 기뻐하며 돌아와 이르되 주여 주의 이름이면 귀신들도 우리에게 항복하더이다 예수께서 이르시되 사탄이 하늘로부터 번개 같이 떨어지는 것을 내가 보았노라 내가 너희에게 뱀과 전갈을 밟으며 원수의 모든 능력을 제어할 권능을 주었으니 너희를 해칠 자가 결코 없으리라” (누가복음 10:17~19).

"믿는 자들에게는 이런 표적이 따르리니 곧 그들이 내 이름으로 귀신을 쫓아내며 새 방언을 말하며" (마가복음 16:17). 우리는 어떤 영이 우리를 억압하고 있는지를 알아야 한다. 그래야 하나님의 말씀으로 그 영과 싸우고, 예수님의 이름으로 대항할 수 있다. 억압하는 혼돈스러운 생각들로 괴로움을 당한 적이 있는가? 어떤 영에 대한 것이 당신의 상태를 설명하는가? 치유함을 경험하기 위해서 무엇을 해야 한다고 생각하는가? 만약 의사, 전문 상담사, 심리치료, 사회복지사, 상담목사가 필요하다고 생각된다면 즉시 그들에게 연락하라. 주님께 영적 지혜, 지식, 이해력, 분별력과 삶의 방향을 간구하는 기도를 드리고 치유와 자유함을 구하라.

기도: "사랑이 많으신 예수님, 저의 모든 걱정, 근심, 두려움, 슬픔과 아픔을 내려놓습니다. 주님의 지혜로 저의 문제가 무엇인지 분별할 수 있도록 도와 주세요. 제가 잘못한 것이 있으면 회개를 시켜주시고 용서해 주세요. 주님의 치유를 체험할 수 있도록 저의 마음의 문을 열어주시고 성령님께서 주시는 기쁨과 평안으로 채워주세요. 저에게서 무엇을 원하시는지를 알게 해 주세요. 저의 삶의 초점이 주님을 사랑하고 섬기며 순종이 될 수 있도록 도와주세요."

8장
우울증에 대한 영적 처방

1. 하나씩 아픔을 극복하기

문제가 너무 많아서 당혹감을 느낄 때에는 어떤 것을 먼저 해결해야 하는가의 우선순위를 정하여 하나씩 해결해 나가라. 하나님은 우리들이 삶에서 폭풍을 만나서 고통을 받고 있다는 것을 알고 계신다. 주님께 도움을 청하고 그분을 신뢰하는 믿음을 가지는 것이 고통에서 치유받는 길이다. 제자들이 폭풍을 만났을 때, 예수님께 도와달라고 청했다. 예수님은 바다를 꾸짖으시고, 제자들에게 믿음을 가지라 하셨다.

"이에 제자들에게 이르시되 어찌하여 이렇게 무서워하느냐 너희가 어찌 믿음이 없느냐 하시니 그들이 심히 두려워하여 서로 말하되 그가 누구이기에 바람과 바다도 순종하는가 하였더라" (마가복음 4:40~41).

하나님께서 당신을 도와 주실 것을 믿고 성경말씀을 묵상하며 주님의 인도하심을 구하라. "네가 물 가운데로 지날 때에 내가 너와 함께 할 것이라 강을 건널 때에 물이 너를 침몰하지 못할 것이며 네가 불 가운데로 지날 때에 타지도 아니할 것이요 불꽃이 너를 사르지도 못하리니" (이사야 43:2)라고 하신다.

우울증은 삶의 폭풍이라고 할 수 있다. 주님을 전적으

로 의지하고 문제를 하나하나 하나님의 말씀으로 기도하면서 해결해 나가면 평안을 찾을 수 있는 길을 열어 주실 것이다. 다음은 당신이 가진 문제들을 하나씩 극복할 수 있는 방법의 예문이다.

1) 용서하지 못하는 마음

많은 우울함을 겪는 사람들은 분노와 비탄으로 고통을 당한다. 분노와 비탄을 일으키는 문제들을 쌓아두지 않고 바로바로 다룰 수 있도록 하나님께 지혜를 구해야 한다. 즉 하나님께 의지하여 힘들게 하는 사람이나 상황을 조절할 수 있는 법을 배워야 한다. 회고, 묵상, 그리고 지혜를 달라고 기도하라. 그러면 하나님께서 용서하는 것을 가르쳐 주실 것이다.

기도: "주님, 저 자신과 다른 사람을 이해하고 용서할 수 있는 지혜와 통찰력을 가질 수 있도록 도와 주세요."

2) 슬픔과 상실감

우울증을 겪는 많은 이들이 슬픔과 상실감으로 고통을 당한다. 슬픔과 아픔에서 벗어나야 우울증에서 치유될 수 있다. 우리가 가진 모든 것이 일시적인 것임을 깨달을 필요가 있다. 당신이 잃은 것을 생각하며 계속 슬퍼하기 보다는 남겨진 것, 가진 것에 감사하라. 슬픔은 부정적 감정을 일으킬 수 있다. 어떤 부분을 다루어야 하는 지를 살펴보라. 분노, 비탄, 후회, 용서하지 못함, 집착, 잊기, 후회 등의 모든 감정, 슬픔과 상실감으로 야기된 감정을 어떻게 극복할 지를 모르는 사람들은 아픔에 사로 잡혀 꼼짝달싹 못할 수 있다. 계속적인 치유를 위해 용서편지와 사랑편지, 이별 편지 등을 쓰는 것도 도움이된다.

기도: “예수님, 저의 모든 아픔과 사랑하는 이를 잃은 상실감을 치유해 주세요. 나의 마음을 슬프게 만드는 것과 우울한 기억과 고통으로부터 저를 해방시켜주세요. 저의 사랑하는 이를 주님께 내려놓습니다. 사랑하는 사람과 함께 하려는 저의 욕구도 가져가 주세요. 주님을 사랑하는 것과 섬기는 것에 집중할 수 있도록 도와 주세요.”

3) 학대와 상처

학대받고, 두려움과 공포의 상황을 지낸 이들 중 많은 이들이 우울증을 겪는다. 그들은 과거에 사로 잡혀 공포에 혼란스러워 하며, 아픔속에서 산다.

만약 당신이 충격을 받은 경험에 고통스러워 한다면, 치유해 달라고 주님께 간구하라. 하나님은 당신이 정상적인 삶을 살 수 있도록 당신의 기억을 치유하시고, 당신을 회복 시킬 것이다. 나는 심리적 외상 후 스트레스 장애(PTSD)를 겪던 많은 이들이 하나님의 힘으로 치유되는 것을 보아왔다. 당신이 정상적으로 치유될 것이란 희망을 버리지 말고, 긍정적으로 살 수 있도록 주님께 간구하라.

기도: “예수님, 저의 고통스러운 기억들로 고통 당하지 않도록 저의 기억을 치유해 주세요. 주님의 사랑, 기쁨과 평안으로 저의 마음을 채워 주세요. 저에게 상처를 입힌 모든 사람을 용서합니다. 또 상처 받는 이들을 도울 수 있는 마음과 여건도 허락해 주세요. 예수님의 이름으로 기도 드립니다. 아멘.”

4) 자기혐오와 자해

우울증에 시달리는 사람들은 자신을 사랑하고 존경하는 방법을 모른다. 그들은 자기혐오와 자해로 고통을 받으며, 자신이 받은 고통이 너무나 심해서 아픔을 덜기 위해서 자신에게 상처를 입힌다고 말한다. 어떻게 육체적 아픔이 감정적 아픔을 덜 수 있겠는가? 감정적 아픔을 덜 수 있는 방법이 있다. 그것은 하나님께서 주신 몸을 돌보지 않은 것을 회개하는 것이다.

심한 아픔에 자해를 생각하고 있다면, 예수님의 도우심을 구해보라. 그는 자해하고 고통 받는 사람을 치유하셨다. '자해하라'는 생각이나 음성을 받아들이지 말라. 사탄의 거짓말을 수용하지 말라. 하나님은 당신을 사랑하신다. 자해 하라는 음성을 듣고 있다면, 즉시 주님께 도움을 구하며 그분께 돌아 가야만 한다.

하나님의 말씀 중 평안과 치유를 가져오는 성경말씀을 찾아서 묵상하라. 하나님의 말씀은 당신의 아픔과 혼란스러움을 극복할 수 있도록 지혜를 줄 것이다.

"그런즉 이 일에 대하여 우리가 무슨 말 하리요 만일 하나님이 우리를 위하시면 누가 우리를 대적하리요 자기 아들을 아끼지 아니하시고 우리 모든 사람을 위하여 내주신 이가 어찌 그 아들과 함께 모든 것을 우리에게 주시지 아니하겠느냐 누가 능히 하나님께서 택하신 자들을 고발하리요 의롭다 하신 이는 하나님이시니 누가 정죄하리요 죽으실 뿐 아니라 다시 살아나신 이는 그리스도 예수시니 그는 하나님 우편에 계신 자요 우리를 위하여 간구하시는 자시니라 누가 우리를 그리스도의 사랑에서 끊으리요 환난이나 곤고나 박해나 기근이나 적신이나 위험이나 칼이랴" (로마서 8:31~35).

기도: "예수님, 저를 고통으로부터 건져 주세요. 자해로 저 자신에게 잘못한 것을 용서해 주세요. 제가 회개하지 않은 죄가 있거나, 나의 태도나 행동을 바꾸어야 할 것이 있다면, 알게 해 주시고 저를 주님의 사랑으로 채워 주

세요. 주님이 저를 구원하기 위해 십자가에서 죽으신 것과 저의 죄를 위해 피 흘리셨음을 믿습니다. 주님 안에서 평안과 기쁨을 찾게 해 주세요."

5) 절망과 자살의 영

어떤 이들은 삶이 무의미하고 무가치하며, 아무도 자신에게 사랑과 관심을 갖지 않는다는 음성을 듣는다. 그들은 자신이 쓸모 없으며, 다른 사람에게 짐이 된다는 음성을 듣는다. 그들이 그 음성을 받아 들일 때, 그들은 절망의 영에게 문을 열게 된다. 절망의 영은 사람들에게 스스로 생을 끝내면 그 아픔이 끝날 것이라는 거짓말을 한다. 그런 거짓말에 대항하지 못하고 자살을 시도하는 사람들이 있다.

삶은 주님께서 주신 선물이다. 삶속에는 어렵고, 아픈 시간들이 있다. 하지만 하나님은 어려운 상황속에서도 우리를 격려하시면 평안을 주시고 끝내는 아픔의 시간 속에서 건져 내어 우리를 치유해 주실 수 있다.

예수님은 우리의 죄를 위해서 죽으시고 구원을 위한 문을 여셨고, 하나님과 우리의 관계를 회복 시키셨다. 하나님이 우리를 소중하고 가치있게 여기셨기에 우리는 우리 자신을 사랑으로서 받아들이는 것을 배워야 한다.

기도: "예수님, 제게 선물로 주신 삶과 저 자신을 가치없게 여긴 죄를 용서해 주세요. 주님의 사랑을 이해 하도록 저의 마음의 문을 열어 주세요. 주님을 사랑하며 저 자신도 주님께서 사랑하신 것같이 사랑하고 다른 사람들도 사랑 하도록 도와 주세요."

6) 집착, 죄책감, 그리고 수치심

만약 당신이 죄책감과 수치심으로 계속 혼란스럽다면, 하나님께 어떻게 해야 치유를 받을 수 있는 가를 여쭈어 보라. 만약 당신이 자신과 가족, 혹은 다른 이들에게 상처를 주는 술, 마약, 성적인 죄, 분노, 걱정, 근심, 용서하지 못하는 마음 등의 중독적인 삶에 빠져 있다면, 회개하며 하나님께 용서를 구하고, 당신의 삶을 바꿀 필요가 있다. 회개는 우리 마음을 정화시킨다. 그것은 사탄의 비난으로부터 우리를 해방시키고, 우리에게 평안과 기쁨을 준다.

당신이 기억할 수 있는 한 어린 시절로 돌아가 당신의 죄를 적고, 하나씩 하나님께 용서를 구하라. 자신, 혹은 다른 이들을 용서하지 못했다면, 하나님께 도와 달라고 간구하라. 만약 하나님보다 더 사랑한 사람이나 물건이 있다면, 회개하고 우선순위를 바꿀 필요가 있다. 사람이나 물건을 하나님보다 더 사랑할수록, 우리는 많은 혼란을 겪게 된다.

“하나님을 가까이하라 그리하면 너희를 가까이하시리라 죄인들아 손을 깨끗이 하라 두 마음을 품은 자들아 마음을 성결하게 하라 슬퍼하며 애통하며 울지어다 너희 웃음을 애통으로, 너희 즐거움을 근심으로 바꿀지어다. 주 앞에서 낮추라 그리하면 주께서 너희를 높이시리라” (야고보서 4:8~10).

기도: “예수님, 세상을 주님보다 더 사랑한 저를 용서해 주세요. 제가 회개하고 변화될 수 있도록 도와 주세요. 저에게 상처를 준 모든 사람들을 용서합니다. 주님을 사랑하고 섬기기를 원합니다.”

7) 걱정과 근심

우울증을 겪는 많은 이들이 걱정과 근심을 극복하지 못했기 때문에 어려움 속에 사는 사람들이 있다. 또 그들과 사랑하는 사람에게 무슨 일이 벌어질 수도 있다는 것에 대한 공포와 걱정으로 고통을 당하는 사람도 있다.

하나님의 말씀은 우리에게 근심하지 말라고 가르친다. 성경을 더 읽고, 우리를 돌보시는 주님에 대한 믿음이 성장하도록 기도에 힘쓰라.

"수고하고 무거운 짐 진 자들아 다 내게로 오라 내가 너희를 쉬게 하리라 나는 마음이 온유하고 겸손하니 나의 멍에를 메고 내게 배우라 그리하면 너희 마음이 쉼을 얻으리니 이는 내 멍에는 쉽고 내 짐은 가벼움이라 하시니라" (마태복음 11:28~30).

기도: "예수님, 저를 근심과 걱정에서 해방시켜 주세요. 저의 모든 마음의 염려와 제가 사랑하는 모든 사람들을 내려놓습니다. 저에게 평안한 마음을 주세요."

2. 하나님을 사랑하기

우리는 하나님을 사랑하고 경배하기 위해서 창조되었다. 하나님을 사랑하는 것은 우리의 최우선 과제이며, 다른 사람들을 사랑하는 것은 그 다음이다. 우리가 사람과 사물을 하나님보다 더 사랑함으로써 많은 문제들이 발생한다. 어떤 사람이나 물건을 주님보다 더 사랑하는 것은 아닌지 살펴라. 만약 당신이 그렇다면, 속히 우선 순위를 바꿔야 한다.

"네 마음을 다하고 목숨을 다하고 뜻을 다하고 힘을 다하여 주 너의 하나님을 사랑하라 하신 것이요 둘째는 이것이니 네 이웃을 네 자신과 같이 사랑하라 하신 것이라 이보다 더 큰 계명이 없느니라" (마가복음 12:30~31).

기도: "예수님, 사람과 물질을 주님보다 더 사랑하지 않게 도와 주세요. 주님의 사랑을 더 알게 도와주시고 사랑하게 도와 주세요. 저의 모든 죄로부터 저를 깨끗하게 씻어 주세요. 아멘."

하나님을 사랑하기에 집중하는 방법

바울은 예수님이 하나님이시며, 우리를 창조하셨고, 우리는 그를 위해 창조 되었다고 말한다. "우리로 하여금 빛 가운데서 성도의 기업의 부분을 얻기에 합당하게 하신 아버지께 감사하게 하시기를 원하노라 그가 우리를 흑암의 권세에서 건져내사 그의 사랑의 아들의 나라로 옮기셨으니 그 아들 안에서 우리가 속량 곧 죄 사함을 얻었도다 그는 보이지 아니하는 하나님의 형상이시요 모든 피조물보다 먼저 나신 이시니. 만물이 그에게서 창조되되 하늘과 땅에서 보이는 것들과 보이지 않는 것들과 혹은 왕권들이나 주권들이나 통치자들이나 권세들이나 만물이 다 그로 말미암고 그를 위하여 창조되었고 또한 그가 만물보다 먼저 계시고 만물이 그 안에 함께 섰느니라" (골로새서 1:12~17).

1) 예수님 알기

치유 과정에서 예수님과의 관계는 매우 중요하다. 예수님께 도움을 요청하기만 하면 영적 힘을 공급받을 수 있다. 마태, 마가, 누가, 요한 복음서를 매일 30분씩 읽거나, 하나의 복음서를 30일 동안 소리를 내어 읽으라. "믿음이 없이는 하나님을 기쁘시게 하지 못하나니 하나님께 나아가는 자는 반드시 그가 계신 것과 또한 그가 자기를 찾는 자들에게 상 주시는 이심을 믿어야 할지니라" (히브리서 11:6).

2) 예수님 경배

일상 중에 예수님을 찬양하고, 경배하고, 감사할 수 있는 방법을 찾으라. 예수님을 생각할 때마다 주님을 사랑한다고 고백하라. 주님에 대한 사랑 고백은 주님을 기쁘게 한다. 우리는 하나님을 사랑하고, 섬기기 위해서 창조되었다는 것을 기억하는 것이 중요하다. 말씀을 통해서 예수님을 더 많이 알아가고, 주님께 사랑을 더 많이 표현할 수록 주님을 향한 사랑은 성장할 것이다. 교회 예배와 성경공부, 기도 모임에 참석해서 주님을 사랑하는 사람들에게 그들이 어떻게 예수님을 사랑하는 가를 배워라.

기도: "주님, 저의 모든 걱정, 근심, 그리고 주님을 향한 사랑을 방해하는 모든 것을 내려놓습니다. 주님을 향한 사랑으로 가득한 새로운 마음을 주세요."

3) 예수님 찬양

항상, 특히 힘든 시간에 주님을 찬양하라. 예수님을 찬양하는 것은 우리의 슬픈 마음과 시간들을 위한 좋은 치료제이다. 우리가 하나님과 하나님이 우리를 돕기 위해 하신 일들을 찬양할 때, 우리의 아픔은 치유 받기 시작한다. 예수님은 만물 가운데 임재하신 주의권능을 우리가 볼 수 있도록 도우신다. 우리는 우리를 향해 하나님이 계획하신 큰 그림을 보는 방법을 배울 수 있다. 매일 예수님께 찬양 드려라.

4) 주님의 위대하심을 이야기하기

하나님은 아브라함에게 말씀하셨다. "내가 너로 큰 민족을 이루고 네게 복을 주어 네 이름을 창대하게 하리니 너는 복이 될지라 너를 축복하는 자에게는 내가 복을 내리고 너를 저주하는 자에게는 내가 저주하리니 땅의 모든 족속이 너로 말미암아 복을 얻을 것이라 하신지라" (창세기 12:2~3). 이 성경말씀은 우리가 하나님과 동행할 때 하나님이 우리를 얼마나 축복 하시기 원하는가를 알려준다. 우리는 믿음으로서 구원의 축복을 받은 사람들이다.

기도: "예수님, 주님의 축복을 감사드립니다. 주님의 사랑을 많은 사람에게 알릴 수 있게 도와주세요."

5) 예수님께 집중하고, 삶의 고난을 두려워 하지 않기

우울함을 겪는 많은 이들이 하나님보다 더 자신의 문제에 집중하기 때문에 고통을 겪는다. 그들이 자신의 아픔에 집중 할수록 그들의 아픔은 더욱 더 커지게 된다.

또한 자신의 그릇된 방식으로 문제를 이해하고 해결하려고 하기 때문에 치유함이나 평안을 얻지 못한다. 우리의 이해력이나 지식은 한계가 있기에 우리의 문제를 바르게 판단하고 인도해 줄 무엇인가가 필요하다. 슬픔이나 우울한 생각은 우리를 왜곡된 방향으로 끌고 간다. 많은 사람들이 생각을 관리하지 못해 문제 가운데 빠지게 된다. 그들은 악한 영들이 자신들의 마음에 의심, 걱정, 근심, 그리고 부정적인 생각들을 심어 우울증으로 이끌어 가는 것을 방치한다.

기도: "예수님, 전심으로 주님을 사랑할 수 있도록 도와 주세요."

6) 편지 쓰기

- 예수님께 사랑의 편지 쓰기
- 하나님께 용서를 구하는 편지 쓰기
- 우울증에서 치유되는 승리의 기도문 쓰기

7) 하나님의 말씀에 순종하기

예수님을 사랑하는 또 다른 중요한 점은 예수님께 순종하는 것이다. 예수님은 우리에게 서로 사랑하고, 주님께 순종하라고 말씀하셨다. "나의 계명을 지키는 자라야 나를 사랑하는 자니 나를 사랑하는 자는 내 아버지께 사랑을 받을 것이요 나도 그를 사랑하여 그에게 나를 나타내리라" (요한복음 14:21). "예수께서 대답하여 이르시되 사람이 나를 사랑하면 내 말을 지키리니 내 아버지께서 그를 사랑하실 것이요 우리가 그에게 가서 거처를 그와 함께 하리라. 나를 사랑하지 아니하는 자는 내 말을 지키지 아니하나니 너희가 듣는 말은 내 말이 아니요 나를 보내신 아버지의 말씀이니라" (요한복음 14:23~24). "이 교훈의 목적은 청결한 마음과 선한 양심과 거짓이 없는 믿음에서 나오는 사랑이거늘" (디모데전서 1:5). 예수님을 구세주로 영접하지 않고서 어떻게 주님을 사랑할 수 있겠는가? 만약 당신이 예수님을 구세주로 아직 영접하지 않았다면 다음과 같이 기도함으로 영접할 수 있다.

기도: "예수님, 저의 마음의 문을 열고 주님을 저의 삶으로 초대합니다. 주님을 저의 구세주로 영접합니다. 저는 죄인입니다. 저를 용서해 주세요. 주님을 사랑하고 섬기게 인도해주세요. 예수님의 이름으로 기도 드립니다. 아멘."

3. 자신을 사랑하기

자기 사랑이 부족한 사람들이 우울증에 시달리는 경우가 많다. 그래서 많은 이들이 절망, 증오, 자존감 결여, 열등감에 의해 고통을 당한다. 사람들은 그들의 문화, 사회적 가치에 따라 가치관을 정립하게 된다. 그 가치들 중 대부분은 온전하지 못하고 사람들에게 부정적인 영향을 미치므로 많은 사람들이 자신들의 삶이 가치가 없다는 생각을 하게된다.

만약 당신이 자신의 가치를 비하하는 감정을 가지고 있다면 하나님의 말씀을 묵상하고 부정적인 생각들을 떨쳐 내버려야 한다. 우울한 마음으로부터 벗어나기 위해 자기 혐오 감정을 버리고, 하나님이 우리를 보는 것처럼 우리 자신을 보고, 사랑하고 인정하는 법을 배워야 한다.

"하나님이 세상을 이처럼 사랑하사 독생자를 주셨으니 이는 그를 믿는 자마다 멸망하지 않고 영생을 얻게 하려 하심이라" (요한복음 3:16). "우리가 사랑함은 그가 먼저 우리를 사랑하셨음이라" (요한1서 4:19).

"오직 성령의 열매는 사랑과 희락과 화평과 오래 참음과 자비와 양선과 충성과, 온유와 절제니 이같은 것을 금지할 법이 없느니라, 그리스도 예수의 사람들은 육체와 함께 그 정욕과 탐심을 십자가에 못 박았느니라, 만일 우리가 성령으로 살면 또한 성령으로 행할지니, 헛된 영광을 구하여 서로 노엽게 하거나 서로 투기하지 말지니라" (갈라디아서 5:22~26).

성경말씀대로 자신을 사랑하는 습관을 기를 필요가 있다. 당신 자신에 대해 나쁜 감정이 있을 때, 혹은 실수를 했을 때에 하나님의 사랑을 기억하고 용서를 빌라. 하나님은 당신을 용서하신다. 자신을 사랑하는 법을 배우기 위해서 다음을 묵상하라.

- 나는 하나님에 의해서 훌륭하고 아름답게 창조되었다.
- 나는 하나님께 사랑을 받는 특별한 존재이다.
- 나는 하나님께 영광을 돌리는 신성한 목적을 위해서 창조되었다.
- 나는 하나님의 영광을 반영시키는 존재이다.
- 나는 하나님과 그의 나라에 대해 가치가 있는 존재이다.
- 하나님은 자신의 형상으로 나를 창조하셨다.
- 나는 하나님이 보시기에 고귀한 존재이다.
- 나는 하나님 나라 건설 사업에 있어 조력자로 창조되었다.
- 나는 어둠의 세계 정복자이며, 사탄은 나와 맞설 수 없다.
- 나는 예수님을 믿고 있기에 하나님의 자녀이다.
- 성령님이 나와 함께 하신다.
- 나는 하나님의 한 없는 축복을 받았고, 다른 사람들을 축복할 것이다.
- 하나님은 내 삶에 비전, 꿈과 계획을 가지고 계신다.
- 하나님은 나의 실수와 잘못을 용서하셨다.
- 예수님이 나의 죄를 위해 죽으셨기에 나는 하나님의 사랑을 받았다.
- 예수님이 나를 위해서 천국에서 처소를 마련하고 계시기에 미래에 희망이 있다.
- 나는 고난과 시련이 나를 연단하는 불임을 알기에 용기를 얻는다.
- 성령님이 내 길을 인도 하심에 기쁨을 느낀다.
- 하나님이 우리를 가치가 있다고 여기심으로 나 또한 나 자신과 다른 사람들을 가치가 있다고 여긴다.

- 하나님이 우울증을 극복할 수 있도록 도우심으로 나는 희망을 가진다.
- 하나님이 내가 예수님의 제자가 될 수 있도록 훈련시키심에 나는 축복을 받았다.

기도: “예수님, 저를 용서하시기 위해서 십자가에서 죽으신 사랑에 감사드립니다. 모든 죄와 죄책감으로부터 저를 해방시켜 주세요. 주님께서 저를 사랑하는 것같이 저도 저 자신을 사랑할 수 있게 도와주세요.”

4. 하나님의 말씀 묵상하기

우울증을 겪는 대부분의 사람들은 자신의 삶과 자기자신, 다른 사람들에 대한 사랑과 열정을 갖지 못한다. 하나님의 도우심으로 우리는 주님과 자신 그리고 다른 사람들에 대한 사랑과 열정을 찾을 수 있다. 하나님의 말씀은 우리에게 하나님을 사랑하고 우리자신을 하나님이 사랑하는 것 같이 진리안에서 사랑하게 하며 또 이웃을 사랑하는 것을 가르쳐준다. 계속 성경말씀을 읽고 주님안에서 열정을 가지고 하나님과 모든 이들을 사랑하는 것을 배워라. 하나님의 사랑을 이해하고 하나님을 사랑하는 사람들은 우울증을 극복할 수 있는 성령의 능력이 있다. 우리가 우울해지는 또 다른 이유는 우리 자신의 지혜로 삶을 이해하려 하기 때문이다. 하나님의 말씀은 사랑의 말씀이다. 말씀을 묵상을 하면 할수록 부정적이고 우울한 생각에서 치유되고 우리의 삶의 의미와 가치와 목표를 찾을 수 있다.

“내 아들아 내 말에 주의하며 내가 말하는 것에 네 귀를 기울이라, 그것을 네 눈에서 떠나게 하지 말며 네 마음속에 지키라, 그것은 얻는 자에게 생명이 되며 그의 온 육체의 건강이 됨이니라, 모든 지킬 만한 것 중에 더욱 네 마음을 지키라 생명의 근원이 이에서 남이니라, 구부러진 말을 네 입에서 버리며 비뚤어진 말을 네 입술에서 멀리 하라, 네 눈은 바로 보며 네 눈꺼풀은 네 앞을 곧게 살펴, 네 발이 행할 길을 평탄하게 하며 네 모든 길을 든든히 하라, 좌로나 우로나 치우치지 말고 네 발을 악에서 떠나게 하라" (잠언 4:20~27).

성경말씀을 통해 하나님의 사랑과 은혜를 알게되면 우리들은 우울증을 이길 수 있는 힘이 생긴다. 성경을 읽어도 이해를 못하면 주님께 지혜를 구하라.

기도: "예수님, 저에게 지혜를 주셔서 성경을 이해할 수 있도록 해주세요. 그리하며 주님의 사랑과 은혜를 더 이해할 수 있게 도와 주세요."

우리는 하나님의 말씀으로 어둡고 혼란스러운 생각들을 제거해야 한다. 또한 하나님의 말씀을 각각의 문제에 적용하고, 당신의 치유 과정에 능동적일 수록 당신의 안개 낀 마음은 조금씩 걷혀갈 것이다. 만약 당신이 마음에 세상적, 육욕적, 죄악적 씨를 마음에 심는다면 혼란과 고통의 열매를 보게 될 것이다. 당신이 평안, 기쁨, 용기, 위안의 좋은 열매를 심었을 때, 좋은 열매를 볼 수 있게 될 것이다. 다음은 매일 당신의 생각에 어떤 것들을 넣고 있는 지를 자신에게 물어볼 수 있는 질문들이다.

- 당신의 문제들에 대한 생각으로 얼마나 많은 시간을 보내고 있는가? (24시간, 심지어 꿈에서도? 혹은 당신이 깨어 있을 때에만? 약 1시간 정도?)
- 당신의 문제들을 당신의 지혜를 통해서 풀려고 하는가? (대개, 혹은 매번?)

- 당신의 문제들을 다른 사람의 조언에 의지하는가? (조금, 대개, 혹은 매번?)
- 영적 성장을 돕지 않는 텔레비전을 얼마나 시청하고 있는가?
- 당신의 영적 성장을 돕는 책을 읽는 것에 얼마나 시간을 보내는가? (30분, 2시간, 혹은 항상?)
- 성경을 읽고, 묵상하며 기도하는 것에 당신은 얼마나 시간을 보내는가? (30분, 2시간, 혹은 항상?)

심은 대로 거둔다. 우리가 기도와 성경말씀 읽기에 얼마나 생각을 집중하느냐에 따라서 얼마나 빠르게 뒤틀린 사고를 극복할 수 있는지가 결정된다. 하나님의 말씀은 우리가 부정적, 비난적, 파괴적 음성을 극복할 수 있는 힘을 준다. 밤낮으로 하나님의 말씀을 묵상하고 말씀에 순종하면 우리의 길이 형통하리란 것은 하나님이 여호수아에게 하신 말씀에서 알 수 있다. (여호수아 1:1~9).

1) 30일 동안 성경 읽기

감정적, 영적 아픔으로부터 지속적으로 치유되기 위해서 하나님과 그 분의 말씀에 의지하는 습관을 길러라. 예수님을 알고자 한다면 복음서(마태, 마가, 누가, 요한)를 읽는 것이 좋다. 혹은 하나님의 지혜와 영적 이해력을 얻기 위해서 잠언을 매일 한 장씩 읽으면 도움이 될 것이다. 꾸준히 읽으면, 하나님께서 지혜와 이해력을 주실 것이다. "너는 마음을 다하여 여호와를 신뢰하고 네 명철을 의지하지 말라, 너는 범사에 그를 인정하라 그리하면 네 길을 지도하시리라, 스스로 지혜롭게 여기지 말지어다 여호와를 경외하며 악을 떠날지어다, 이것이 네 몸에 양약이 되어 네 골수를 윤택하게 하리라" (잠언 3:5~8).

2) 잘못된 성경해석에 대항하기

우울증을 겪는 많은 사람들이 성경을 읽는 데에 어려움을 겪는다. 그것은 사탄이 하나님 말씀의 의미를 뒤틀기 때문이다. 사탄은 사람들이 성경을 읽는 것을 방해하기 위해 무슨 짓이든지 한다. 혼란스럽게 하는 음성을 들었을 때, 성경읽기를 그만두지 말라. "마귀야, 예수님의 이름으로 떠나라" 라고 말하고 계속 읽어라.

누가복음 4장18~19절을 암송하라: "주의 성령이 내게 임하셨으니 이는 가난한 자에게 복음을 전하게 하시려고 내게 기름을 부으시고 나를 보내사 포로 된 자에게 자유를, 눈 먼 자에게 다시 보게 함을 전파하며 눌린 자를 자유롭게 하고, 주의 은혜의 해를 전파하게 하려 하심이라 하였더라" (누가복음 4:18~19).

우리는 영적 감옥으로부터 자유케 하실 수 있는 성령님과 함께한다. 우리가 자유롭지 못하다면, 우리는 남을 도울 수 없다. 말씀을 계속 묵상하고 하나님께서 무엇을 원하시는 가를 이해하라.

기도: "주님, 저를 성령의 능력으로서 저의 마음에 평안과 기쁨으로 채워주세요. 주님께 마음을 집중할 수 있도록 도와주세요."

5. 모든 사람을 용서하기

"무엇보다도 뜨겁게 서로 사랑할지니 사랑은 허다한 죄를 덮느니라" (베드로전서 4:8). "마지막으로 말하노니 너희가 다 마음을 같이하여 동정하며 형제를 사랑하며 불쌍히 여기며 겸손하며, 악을 악으로, 욕을 욕으로 갚지 말고 도리어 복을 빌라 이를 위하여 너희가 부르심을 받았으니 이는 복을 이어받게 하려 하심이라, 그러므로 생명을 사랑하고 좋은 날 보기를 원하는 자는 혀를 금하여 악한 말을 그치며 그 입술로 거짓을 말하지 말고, 악에서 떠나 선을 행하고 화평을 구하며 그것을 따르라, 주의 눈은 의인을 향하시고 그의 귀는 의인의 간구에 기울이시되 주의 얼굴은 악행하는 자들을 대하시느니라 하였느니라" (베드로전서 3:8~12).

우울한 감정이 많은 사람들은 화, 분노, 비탄, 용서하지 못하는 마음으로 인해 고통을 겪는다. 자신을 포함한 모든 이들을 용서하라.

1) 고백 편지 쓰기

만약 용서하기를 원하지만 그렇게 할 수 없을 때, 용서하지 못하는 마음을 하나님께 고백하는 편지를 써라. 하나님의 음성을 듣는 침묵기도에 집중하라. 예수님은 용서에 대한 영적 처방을 주시고 용서하지 못하는 당신의 마음을 만지실 것이다.

2) 용서 편지 쓰기

분노를 느끼는 모든 이들에게 용서의 편지를 써라. 그 편지를 보낼 필요는 없으나 보내는 것이 모든 이들에게 유익하고 하나님께서 보내시기를 원하시면 순종하라. 당신이 죄책감과 수치심에 고통을 당하고 있다면, 당신 자신에게 용서의 편지를 써라.

3) 다른 이들을 위해 기도하고 축복하기

사탄은 우리에게 과거의 아픈 기억들을 되새기게 함으로써 고통과 분노감을 갖게 한다. 아픈 기억들이 생각날 때마다 아프게 한 사람들을 위해 축복기도를 하라. 그러면, 점진적으로 용서하게 되고 평안을 찾게될 것이다. 치유함은 과정이다. “그러나 너희 듣는 자에게 내가 이르노니 너희 원수를 사랑하며 너희를 미워하는 자를 선대하며, 너희를 저주하는 자를 위하여 축복하며 너희를 모욕하는 자를 위하여 기도하라” (누가복음 6:27~28). “또 네 이웃을 사랑하고 네 원수를 미워하라 하였다는 것을 너희가 들었으나, 나는 너희에게 이르노니 너희 원수를 사랑하며 너희를 박해하는 자를 위하여 기도하라” (마태복음 5:43~44).

“너희를 박해하는 자를 축복하라 축복하고 저주하지 말라, 즐거워하는 자들과 함께 즐거워하고 우는 자들과 함께 울라, 서로 마음을 같이하며 높은 데 마음을 두지 말고 도리어 낮은 데 처하며 스스로 지혜 있는 체 하지 말라, 아무에게도 악을 악으로 갚지 말고 모든 사람 앞에서 선한 일을 도모하라, 할 수 있거든 너희로서는 모든 사람과 더불어 화목하라, 내 사랑하는 자들아 너희가 친히 원수를 갚지 말고 하나님의 진노하심에 맡기라. 기록되었으되 원수 갚는 것이 내게 있으니 내가 갚으리라고 주께서 말씀하시니라, 네 원수가 주리거든 먹이고 목마르거든 마시게 하라 그리함으로 네가 숯불을 그 머리에 쌓아 놓으리라, 악에게 지지 말고 선으로 악을 이기라” (로마서 12:14~21).

“만일 우리가 우리 죄를 자백하면 그는 미쁘시고 의로우사 우리 죄를 사하시며 우리를 모든 불의에서 깨끗하게 하실 것이요, 만일 우리가 범죄하지 아니하였다 하면 하나님을 거짓말하는 이로 만드는 것이니 또한 그의 말씀이 우리 속에 있지 아니하니라” (요한1서 1:9~10).

“사랑하지 아니하는 자는 하나님을 알지 못하나니 이는 하나님은 사랑이심이라, 하나님의 사랑이 우리에게 이렇게 나타난 바 되었으니 하나님이 자기의 독생자를 세상에 보내심은 그로 말미암아 우리를 살리려 하심이라, 사랑은 여기 있으니 우리가 하나님을 사랑한 것이 아니요 하나님이 우리를 사랑하사 우리 죄를 속하기 위하여 화목 제물로 그 아들을 보내셨음이라, 사랑하는 자들아 하나님이 이같이 우리를 사랑하셨은즉 우리도 서로 사랑하는 것이 마땅하도다, 어느 때나 하나님을 본 사람이 없으되 만일 우리가 서로 사랑하면 하나님이 우리 안에 거하시고 그의 사랑이 우리 안에 온전히 이루어지느니라, 그의 성령을 우리에게 주시므로 우리가 그 안에 거하고 그가 우리 안에 거하시는 줄을 아느니라" (요한1서 4:8~13).

기도: "하나님, 저의 파괴적, 부정적, 비난적인 삶을 용서하시고 잘못된 생각과 행동으로부터 해방시켜 주세요. 상처 입힌 사람들을 용서합니다. 주님의 십자가에서 돌아가신 위대하신 사랑을 이해할 수 있게 해 주시고 저의 모든 죄를 용서해 주세요. 예수님의 보혈로 저를 씻어 주시고 죄책감과 수치심으로부터 해방시켜 주세요. 저에게 상처를 준 이들을 주님의 이름으로 축복합니다. 모든 사람들을 사랑하고 존중할 수 있도록 도와 주세요."

4) 다른 사람을 보는 관점 바꾸기

완전히 선하거나 완전히 악한 사람은 없다. 우리에게 상처를 준 사람 일지라도 그들에게 선한 면이 있다. 왜냐하면 우리는 하나님의 형상으로 창조되었기 때문이다. 나는 모든 사람들이 하나님께서 주신 85%의 선함을 가지고 있고 죄의 욕구, 용서하지 못하는 마음, 나쁜 성격과 습관 등의 어두운 면을 15% 가지고 있다. 우리가 성령님의 인도하심을 따르면 85%의 선함을 따르고 하나님의 선한 성품으로 선한 삶을 살 수 있다. 그래서 우리가 선한 삶을 살려고 선택을 해야 한다.

바울은 "그러므로 형제들아 내가 하나님의 모든 자비하심으로 너희를 권하노니 너희 몸을 하나님이 기뻐하시는 거룩한 산 제물로 드리라 이는 너희가 드릴 영적 예배니라, 너희는 이 세대를 본받지 말고 오직 마음을 새롭게 함으로 변화를 받아 하나님의 선하시고 기뻐하시고 온전하신 뜻이 무엇인지 분별하도록 하라" (로마서 12:1~2)라고 썼다.

사탄은 우리의 어두운 면에 나타나 우리가 죄에 빠지도록 유혹한다. 하나님 말씀에 대한 지식이 없다면, 우리는 우리 자신의 무지의 희생양이 될 것이다. 만약 당신이 예수님을 영접하지 않았다면 그 분을 마음에 초대해서 용서하는 법을 배우고 평안을 찾을 수 있도록 간구하라. 용서 할 수 없는 이들은 평안을 가질 수 없다. 또 하나님께 용서를 받지 못한 이들도 평안을 가질 수 없다.

용서에 대한 오해

어떤 사람들은 성경에서 용서하라고 말했기 때문에 저항없이 학대를 받아들이고, 학대적, 폭력적 상황을 벗어나려 하지 않는다. 용서란 다른 사람들이 당신을 학대하도록 허락한다는 의미가 아니다. 우리는 다른 이들을 용서해야 하지만 자신을 학대, 폭력, 무력감, 분노, 증오, 절망적인 위험한 상황에 계속 놓아 두어서는 안된다. 용서하기전에 먼저 학대 상황과 위험한 인간관계로부터 자유로워질 필요가 있다. 절대 낙심하지 말고, 하나님의 지혜에 따라 학대와 폭력 문제들을 해결하려 노력하라. 무엇을 어떻게 해야 할지 모르겠다면, 다른 사람에게 도움을 구하라.

학대와 문제상황에서 벗어났음에도 당신이 용서하지 못하는 영으로 고통을 당하고 있다면, 하나님께 도움을 청하고 용서할 수 있기를 구해야 한다. 우리는 하나님의 지혜로 하나님, 우리 자신, 그리고 다른 이들과의 관계에 있어 평안을 찾을 필요가 있다. 때때로 용서하기 위해 학대하는 사람과의 관계를 끝내야 할 경우도 있고, 때로는 평안을 찾기 위해서 다른 직업을 찾아야 할 때도 있다.

기도: "예수님, 저는 죄인입니다. 저를 용서해 주세요. 제가 평안을 찾을 수 있도록 저 자신과 다른 이들을 용서할 수 있도록 인도해 주세요. 아멘."

6. 뒤틀린 논리에 대항하기

절망의 영으로부터 파괴적 생각과 음성을 받아 들인다면, 당신은 무력감, 희망이 없다는 생각, 실망, 슬픔, 절망, 혼동된 마음과 영적 억압으로 고통을 당할 수 있다. 성령님께서 우리의 죄를 밝히실 때 비로소 우리는 회개, 용서, 치유함을 받는다. 따라서 우리는 하나님 안에서 평안과 기쁨을 찾을 수 있다. 만약 당신의 마음이 평안보다 혼란으로 가득하다면, 뒤틀린 생각과 음성에 의해 고통 당하고 있는 지를 살펴야 한다. 주님은 성령을 믿는 자들에게 선물로 주셨다. 우리는 사탄을 이길 수 있는 성령님과 함께하는 하나님의 자녀들이다. "자녀들아 너희는 하나님께 속하였고 또 그들을 이기었나니 이는 너희 안에 계신 이가 세상에 있는 자보다 크심이라" (요한1서 4:4).

베드로는 영적 전쟁에서 승리할 수 있는 길을 가르친다. "너희 염려를 다 주께 맡기라 이는 그가 너희를 돌보심이라, 근신하라 깨어라 너희 대적 마귀가 우는 사자같이 두루 다니며 삼킬 자를 찾나니, 너희는 믿음을 굳건하게 하여 그를 대적하라 이는 세상에 있는 너희도 동일한 고난을 당하는 줄을 앎이라" (베드로전서 5:7~9).

당신은 하나님의 말씀으로 아픔을 주는 음성에 대항할 필요가 있다. 치유함은 과정이다. 따라서 즉각적인 결과를 보지 못하더라도 포기하지 말라. 하나님의 말씀 읽기를 계속하고, 기도하며, 주님께 지혜와 힘을 달라고 간구하라.

"너희 중에 지혜와 총명이 있는 자가 누구냐 그는 선행으로 말미암아 지혜의 온유함으로 그 행함을 보일지니라, 그러나 너희 마음 속에 독한 시기와 다툼이 있으면 자랑하지 말라 진리를 거슬러 거짓말하지 말라, 이러한 지혜는 위로부터 내려온 것이 아니요 땅 위의 것이요 정욕의 것이요 귀신의 것이니, 시기와 다툼이 있는 곳에는 혼란과 모든 악한 일이 있음이라, 오직 위로부터 난 지혜는 첫째 성결하고 다음에 화평하고 관용하고 양순하며 긍휼과 선한 열매가 가득하고 편견과 거짓이 없나니, 화평하게 하는 자들은 화평으로 심어 의의 열매를 거두느니라" (야고보서 3:13~18).

마음 속에 파괴적, 비난적, 비판적 음성을 들을 때, 그것들이 어디에서 온 것인 지를 평가해서 찾아내라. 만약 그것이 당신의 태도와 행동을 바꾸기 위한 성령님의 밝히심이 아니라면, 그것은 아마 비난의 영일 것이다. 사탄은 당신을 비난해서 당신이 나쁘다는 생각과 우울함을 느끼도록 할 것이다.

당신이 듣는 음성은 때때로 다른 사람에 대해 비판적이고 비난적일 수 있다. 만약 그 비난적인 음성을 받아 들여서 다른 이들에게 상처주는 말을 한다면, 죄악에 빠질 수 있다. 죄의 삶은 우리의 평안과 기쁨을 빼앗아가는 사탄에게 문을 열어 준다. 하나님의 평안과 기쁨을 찾기 위해서 회개하고 태도와 행동을 바꿔야 한다.

당신이 평안을 잃고, 혼동이 올 때 많은 경우 자신 스스로에게 질문하라. "내가 분노, 책망, 근심, 고통, 비탄,

혹은 용서하지 못하는 마음을 가지고 있는가?" 우리는 때때로 그런 감정들을 가지고 있으며 죄를 정당화 시킨다. 부정적이고 파괴적인 음성과 싸울 수 있는 성경말씀을 찾아라. 그리고 하나님, 당신 자신, 그리고 다른 이들 안에서 평안을 찾을 수 있는 태도를 가지고 행동을 하라.

만약 당신이 영적 억압으로 고통을 당하고 있다면, "예수님의 이름으로 명하노니 악한 영은 내게서 떠날 것을 명한다"라고 말함으로써 사탄을 내쫓아라.

당신의 평안을 앗아가는 부정적인 생각들과 싸울 때, "나는 예수 그리스도의 이름으로 승리를 선언한다. 하나님이 나와 함께 계시고 나를 사랑하신다. 나는 하나님을 찬양한다"라고 말함으로써 승리를 선언하라.

아픈 생각들로 당신을 괴롭히려는 영이 있을 때마다, 성경말씀을 이용해서 싸워라. 또한 사탄이 잘못된 생각이나 음성을 통해 당신이 성경을 읽는 것을 방해할 때는 주님께 도움을 간구하라.

기도: "예수님, 제가 하나님의 말씀을 이해할 수 있는 지혜를 주세요. 성경말씀 읽기에 집중할 수 있게 도와 주세요. 저를 천사들로 둘러 싸주시고 보호해 주세요. 사탄의 모든 거짓말로부터 저를 지켜 주세요. 주님을 사랑하고 순종할 수 있도록 도와 주세요."

7. 하나님의 음성 듣기

기도는 하나님과 우리의 의사소통이다. 많은 이들이 하나님께 말하는 것만 중요하다고 생각하는데, 하나님 앞에 기다리며 음성 듣는 것이 더 중요하다. 주님은 우리에게 말씀하시기를 원하시고 우리가 그분의 음성을 듣는 것을 원하신다.

“내 양은 내 음성을 들으며 나는 그들을 알며 그들은 나를 따르느니라, 내가 그들에게 영생을 주노니 영원히 멸망하지 아니할 것이요 또 그들을 내 손에서 빼앗을 자가 없느니라” (요한복음 10:27~28).

예수님은 우리의 기도를 즐겨 들으신다. 우리도 그 분의 말씀을 듣는 시간을 가지고 그분을 기쁘게 해야 한다. 30일 동안 매일 30분씩 기도하라. 하나님께 15분간 말하고, 15분간 하나님의 음성을 들어라.

기도: “예수님, 저에게 말씀해 주세요. 제가 듣고 있습니다.”

네가지 음성

우울증으로 고통을 당하는 많은 이들이 부정적이고 파괴적인 음성을 듣지만, 그 음성이 어디에서 온 것인지를 깨닫지 못하므로 더 어려움을 당하고 있다. 게다가 많은 이들이 하나님의 음성을 듣는 것을 배우지 못했다. 그래서 어떤 음성이 사탄으로부터 온 것인지, 어떤 음성이 주님께로부터 온 것인지를 구별하는 법을 배울 필요가 있다. 우리가 마음에 하나님의 음성을 깨닫기 시작 할 때, 혼동에서 치유함을 받을 수 있다. 사람들이 마음으로 듣는 네 가지의 음성이 있다. 그것들은 다음과 같다.

1) 다른 사람들의 음성
2) 우리 자신의 음성
3) 사탄의 음성
4) 성령님의 음성

다른 사람들의 음성은 우리가 기억하는 과거, 우리가 이미 들은 것들이 마음속에 들리는 것일 수 있다.

우리 자신의 음성은 우리의 생각이다. 어떤 음성을 받아들이거나 저항할 지를 결정하는 것은 우리의 선택에 달려있다. 우리는 죄악적 본성을 가지고 있고, 악한 것을 행하게 하는 죄악적 사고도 가지고 있고 또 하나님이 부여하신 선한 일을 행하고 싶은 성품도 가지고 있다.

사탄의 음성은 본질적으로 기만적이면서 파괴적이다. 만약 우리가 그 음성을 받아들이고 따른다면, 우리는 죄악에 빠져 자신과 다른 이들에게 상처를 주게 될 것이다. 많은 사람들은 사탄이 우리의 마음에 이야기 할 수 있다는 사실을 깨닫지 못하고 있다. 그래서 그들은 자신의 마음에 떠오르는 생각들을 그냥 수용한다. 그 때가 바로 그들이 혼란의 음성에 무력해지는 시점인 것이다.

성령님도 우리의 마음에 말씀하시고 우리가 주님을 사랑하고 섬길 수 있도록 영적인 성장을 도와주신다. 성령님은 우리들의 잘못된 것도 지적하시고 회개하도록 인도하신다. 또 다른 사람들의 믿음을 성장 시키기 위해서 도울 수 있도록 인도하신다. 성령님은 우리의 영적 성장을 위해 성경말씀을 사용하시며, 또한 우리가 주님께 순종할 수 있도록 이끄신다. 우리는 순종과 불순종, 둘 중 하나를 선택할 자유가 있다.

어떤 생각이 마음에 떠오를 때마다, 그 음성이 어떤 음성인지 구별해야 한다. 모든 음성이 당신의 생각이 아니다. 각각의 음성들을 구별할 수 있는 지혜를 달라고 주님께 간구하고 요청하라. 사탄의 음성을 저항하지 않으면 혼란을 겪게 될 것이다. 성령님께서 하나님의 말씀을 통해서도 말씀하시니 성경을 많이 읽어라. 하나님의 말씀은 영적인 힘이 있다. 뒤틀린 음성을 물리치기 위해서도 지속적으로 하나님의 말씀을 읽어야 한다.

많은 사람들이 파괴적이고 부정적인 음성을 듣는다. 뉴스도 거의 모든 것이 부정적이고 또 사람들 역시 치유의 음성이 아닌 부정적이고 비난의 음성으로 상처와 아픔을 주고 우울증을 야기 시킬 수 있다. 파괴적인 음성은 어떤 것이든 의문을 가져야 하고, 사탄에게 기만 당하지 않도록 하나님의 긍정적인 말씀으로 저지해야 한다.

하나님의 음성과 문제해결

하나님의 음성을 듣는 것이 중요한 이유 중 하나는 우리가 문제가 있을 때 하나님의 지혜로 문제를 빨리 해결하고 평안과 기쁨을 찾을 수 있다는 것이다. 성경말씀은 우리의 기도가 우리의 원하는 대로 응답이 안되었을 때도 하나님의 음성을 듣고 상황이 이해가 되면 기쁨을 찾을 수 있다는 것을 가르쳐준다. 바울이 그 한 예이다. 바울은 자기가 원하는 기도를 세번했는데 그가 원하대로 응답을 받지 못했을 때, 하나님은 그 이유를 말씀하셨다.

"나에게 이르시기를 내 은혜가 네게 족하도다 이는 내 능력이 약한 데서 온전하여짐이라 하신지라 그러므로 도리어 크게 기뻐함으로 나의 여러 약한 것들에 대하여 자랑하리니 이는 그리스도의 능력이 내게 머물게 하려 함이라" (고린도후서 12:9).

자기의 약한 것에 기뻐할 수 있는가? 하나님의 음성을 들은 후에 바울이 모든 것을 내려놓고 하나님의 뜻을 긍정적으로 기뻐하며 받아들였다. 그러나 그가 하나님의 음성을 듣지 못했다면 계속 똑같은 기도를 계속 했을 것이고 실망을 했을 것이다. 그러나 하나님은 우리가 보지 못하고 생각지 못하는 것을 우리에게 알게 해주시므로 약한 것도 감사할 수 있게 해주시는 하나님이시다. 그것은 하나님의 음성을 들음으로 가능한 것이다.

침묵 기도

우울증을 겪는 많은 이들이 파괴적 음성에 의해 영적인 침체를 겪고 오랫동안 고통을 당하고 있으며 하나님의 사랑과 격려의 음성을 잘 듣지 못한다. 그래서 나는 그들에게 침묵기도를 연습하라고 권한다.

침묵기도는 두가지가 있다. 하나는 소리를 내지말고 마음으로 하나님께 기도하는 것이고 또 하나는 하나님의 음성을 듣기 위해서 가만히 침묵하며 모든 자신의 생각을 비우고 하나님의 세밀한 음성을 직접 들으려고 기다리는 것을 연습하는 것이다. 내가 말하는 침묵기도는 두번째이다. 하나님의 음성을 들으려고 마음을 정돈하고 기다리는 연습을 하기 위해서는 할 수 있으면 생각도 접어두고 또 밖의 들리는 소리들도 제한시키는 것이 필요하다. 나는 침묵기도를 할 때 음악도 듣지 않는다. 음악을 들으면서 하는 기도는 묵상기도다. 묵상기도는 우리가 하나님께 말하는 것이다. 하나님의 세미한 음성을 들으려면 우리의 음성을 제제하고 조용히 듣는 것을 연습해야 한다.

침묵기도는 처음에는 쉽지가 않다. 하지만 우리의 생각을 저지하고 듣는 연습을 많이 하면 할수록, 하나님의 음성을 구별할 수 있게 되고, 혼란스러운 생각들로부터 치유함을 경험하게 될 것이다.

하나님은 우리의 고통을 이해하시고 아픔을 치유하기 원하시므로 사랑과 격려와 치유해 주시는 말씀을 하실 것이다. 하나님의 음성을 듣는 것은 우리에게 평안과 기쁨을 가져다 준다. 그래서 우울증을 극복하는데 있어서 하나님의 사랑의 음성을 듣는 것을 연습해야 한다. 침묵기도는 모든 것을 내려놓고 하나님께 가까이 가는 것을 도와주고 하나님께 집중하는 고요한 치유의 시간으로 인도해준다.

기도: "주님, 저에게 하실 말씀이 있으면 해주세요. 제가 듣고 있습니다." 이 말을 하고 고요한 가운데 기다려라. 하나님이 주시는 격려의 음성은 우리의 상처를 치유해 준다.

8. 성령님과 관계 발전시키기

성령님이 우울증을 치료하실 수 있다. 예수님은 "내가 아버지께 구하겠으니 그가 또 다른 보혜사를 너희에게 주사 영원토록 너희와 함께 있게 하리니, 그는 진리의 영이라 세상은 능히 그를 받지 못하나니 이는 그를 보지도 못하고 알지도 못함이라 그러나 너희는 그를 아나니 그는 너희와 함께 거하심이요 또 너희 속에 계시겠음이라, 내가 너희를 고아와 같이 버려두지 아니하고 너희에게로 오리라" (요한복음 14:16~18)라고 말씀하셨다.

1) 성령님을 인정하라

우리가 회개하고 예수님을 구세주로 영접 할 때, 성령님은 우리와 함께 하시기 위해 오신다. "베드로가 이르되 너희가 회개하여 각각 예수 그리스도의 이름으로 세례를 받고 죄 사함을 받으라 그리하면 성령의 선물을 받으리니" (사도행전 2:38).

2) 예수님에 대한 가르침

성령님께서는 우리에게 예수님에 대해서 가르쳐 주시는 분이시다. "보혜사 곧 아버지께서 내 이름으로 보내실 성령 그가 너희에게 모든 것을 가르치고 내가 너희에게 말한 모든 것을 생각나게 하리라" (요한복음 14:26). "내가 아버지께로부터 너희에게 보낼 보혜사 곧 아버지께로부터 나오시는 진리의 성령이 오실 때에 그가 나를 증언하실 것이요" (요한복음 15:26). "그가 내 영광을 나타내리니 내 것을 가지고 너희에게 알리시겠음이라" (요한복음 16:14).

3) 영적 성장

성령님은 우리가 주님 안에서 성장 할 수 있도록 도와주신다. "그러나 내가 너희에게 실상을 말하노니 내가 떠나가는 것이 너희에게 유익이라 내가 떠나가지 아니하면 보혜사가 너희에게로 오시지 아니할 것이요 가면 내가 그를 너희에게로 보내리니, 그가 와서 죄에 대하여, 의에 대하여, 심판에 대하여 세상을 책망하시리라" (요한복음 16:7~8). 하나님의 말씀에 따라 우리의 마음을 변화시킬 필요가 있다. 성령님께서는 우리가 죄가 무엇인지를 알고 회개하도록 도와주신다. 그럴 때 우리의 마음은 평안과 기쁨으로 채워진다.

4) 하나님의 가치관

성령님은 우리가 전에 알지 못했던 것을 알게 하시고 하나님의 가치를 가르치신다. 무력감은 우리가 자신의 세속적 마음과 우리의 지혜로 문제를 해결하려 할 때 생긴다. 하나님의 말씀을 아는 것은 우리의 마음을 변화시키는 결정적 요인이다. 성령님께서는 말씀을 우리에게 기억나게 하시고 하나님을 기쁘시게 하는 삶을 살아갈 수 있도록 인도하신다.

5) 삶의 의미와 목적부여

성령님은 우리에게 예수님의 복음을 나눌 수 있는 지

혜와 용기와 힘을 주신다. "오직 성령이 너희에게 임하시면 너희가 권능을 받고 예루살렘과 온 유대와 사마리아와 땅 끝까지 이르러 내 증인이 되리라" (사도행전 1:8).

삶의 의미와 목적을 상실한 사람들은 예수님을 섬기는 것으로 치유함을 받을 수 있다. 삶의 방향 상실은 우울과 절망을 야기한다.

6) 영적 지혜

성령님은 우리가 하나님의 마음을 이해하도록 지혜를 주신다. "기록된 바 하나님이 자기를 사랑하는 자들을 위하여 예비하신 모든 것은 눈으로 보지 못하고 귀로 듣지 못하고 사람의 마음으로 생각하지도 못하였다 함과 같으니라, 오직 하나님이 성령으로 이것을 우리에게 보이셨으니 성령은 모든 것 곧 하나님의 깊은 것까지도 통달하시느니라" (고린도전서 2:9~10).

만약 당신이 공허함을 느낀다면, 성령님께 그리스도의 평안과 기쁨으로 당신의 마음을 채워 달라고 간구하라. 예수님은 제자들에게 성령님을 기다리라고 말씀하셨다. 우리도 그와 같이 해야만 한다.

아직도 성령님을 경험하지 못하였다면 매일 한 시간 동안 고요하게 침묵 기도하는 시간을 가져라. 일주일 동안 계속 기다리면서 당신에게 말씀해 주시기를 성령님께 간구하라. 당신이 주님으로부터 아무런 응답도 듣지 못했다면, 한 주 더 시도하라. 그런 식으로 당신이 성령님을 경험 할 때까지 계속하라.

어떤 결정을 내릴 때마다 성령님께 방향을 물어보는 것으로 그의 존재를 인지하라. 이런 방식을 통해 당신은 가르치시고, 인도 하시고, 위안을 주시고, 길을 인도하시는 성령님과의 관계를 발전 시킬 수 있다. 성령님은 우리의 영적 상담자이시다. 우리가 그 분의 지혜에 의지하고, 성령님의 말씀을 듣는 법을 배우기 전까지 우리는 파괴적 생각에 의해 영향을 받았을 수 있는 우리 자신의 지혜에만 의지 할 것이다.

기도: "성령님, 저에게 오셔서 주님의 지혜와 평안과 기쁨으로 저의 마음을 채워 주세요. 예수님을 사랑하고 순종하며 섬기기를 원합니다."

9. 다른 사람들 섬기기

하나님은 당신에게 삶이라는 선물을 하나님의 나라를 확장하기 위해서 주셨다. 교회, 지역사회 또 어렵과 가난한 사람들을 돕는 일에 자원하라. 주님을 섬기기 위해서는 하나님 말씀을 배우고 순종해야 한다.

"예수께서 나아와 말씀하여 이르시되 하늘과 땅의 모든 권세를 내게 주셨으니, 그러므로 너희는 가서 모든 민족을 제자로 삼아 아버지와 아들과 성령의 이름으로 세례를 베풀고, 내가 너희에게 분부한 모든 것을 가르쳐 지키게 하라 볼지어다 내가 세상 끝날까지 너희와 항상 함께 있으리라 하시니라" (마태복음 28:18~20).

주님을 섬기는 명확한 목표 의식을 가지고 살아야 우울증을 극복할 수 있다. 바울의 신앙고백은 어떻게 우리가 하나님께 모든 것을 내려놓는 지를 가르쳐준다.

"내가 그리스도와 함께 십자가에 못 박혔나니 그런즉 이제는 내가 사는 것이 아니요 오직 내 안에 그리스도께서 사시는 것이라 이제 내가 육체 가운데 사는 것은 나를 사랑하사 나를 위하여 자기 자신을 버리신 하나님의 아들을 믿는 믿음 안에서 사는 것이라" (갈라디아서 2:20).

바울은 우울해질 시간이 없었다. 왜냐하면 그는 주님

을 섬기는 데에 집중했고, 그의 과거의 실수에 집착하지 않았기 때문이었다. "그러므로 형제들아 내가 하나님의 모든 자비하심으로 너희를 권하노니 너희 몸을 하나님이 기뻐하시는 거룩한 산 제물로 드리라 이는 너희가 드릴 영적 예배니라, 너희는 이 세대를 본받지 말고 오직 마음을 새롭게 함으로 변화를 받아 하나님의 선하시고 기뻐하시고 온전하신 뜻이 무엇인지 분별하도록 하라, 내게 주신 은혜로 말미암아 너희 각 사람에게 말하노니 마땅히 생각할 그 이상의 생각을 품지 말고 오직 하나님께서 각 사람에게 나누어 주신 믿음의 분량대로 지혜롭게 생각하라, 우리가 한 몸에 많은 지체를 가졌으나 모든 지체가 같은 기능을 가진 것이 아니니, 이와 같이 우리 많은 사람이 그리스도 안에서 한 몸이 되어 서로 지체가 되었느니라, 우리에게 주신 은혜대로 받은 은사가 각각 다르니 혹 예언이면 믿음의 분수대로, 혹 섬기는 일이면 섬기는 일로, 혹 가르치는 자면 가르치는 일로, 혹 위로하는 자면 위로하는 일로, 구제하는 자는 성실함으로, 다스리는 자는 부지런함으로, 긍휼을 베푸는 자는 즐거움으로 할 것이니라" (로마서 12:1~8).

"여호와의 말씀이니라 너희를 향한 나의 생각을 내가 아나니 평안이요 재앙이 아니니라 너희에게 미래와 희망을 주는 것이니라, 너희가 내게 부르짖으며 내게 와서 기도하면 내가 너희들의 기도를 들을 것이요, 너희가 온 마음으로 나를 구하면 나를 찾을 것이요 나를 만나리라, 이것은 여호와의 말씀이니라 나는 너희들을 만날 것이며 너희를 포로된 중에서 다시 돌아오게 하되 내가 쫓아 보내었던 나라들과 모든 곳에서 모아 사로잡혀 떠났던 그 곳으로 돌아오게 하리라 이것은 여호와의 말씀이니라" (예레미야 29:11~14).

하나님께서 당신을 위한 계획을 가지고 계시다. 우리

가 하나님의 영광을 위해서 주님이 뜻하시는대로 다른 이들을 섬길 때, 우리는 삶의 목표와 의미를 찾을 수 있다. 기쁨의 축복은 우리가 받은 은사를 나눌 때에 온다.

기도: "예수님, 주님께서 가지신 저를 위한 계획과 꿈과 비전을 알기 원합니다. 제가 받은 은사를 지혜롭게 사용하여 주님의 나라 확장에 힘써 일하게 도와 주세요."

10. 승리 선언하기

우리는 하나님께서 우리를 도우실 것이기 때문에 어떤 상황에서도 희망이 있는 미래를 마음 속으로 그릴 수 있다. 때로는 가슴 아픈 사건들이 우리의 평안과 기쁨을 빼앗을 수도 있다. 그러나 우리가 심하게 상처를 입었을 때에도 하나님은 항상 우리와 가까이 계시고 우리가 승리의 삶을 살도록 창조하셨다.

"이것을 너희에게 이르는 것은 너희로 내 안에서 평안을 누리게 하려 함이라 세상에서는 너희가 환난을 당하나 담대하라 내가 세상을 이기었노라" (요한복음 16:33).

"우리 주 예수 그리스도로 말미암아 우리에게 승리를 주시는 하나님께 감사하노니" (고린도전서 15:57). "무릇 하나님께로부터 난 자마다 세상을 이기느니라 세상을 이기는 승리는 이것이니 우리의 믿음이니라, 예수께서 하나님의 아들이심을 믿는 자가 아니면 세상을 이기는 자가 누구냐" (요한1서 5:4~5).

고통스러운 시간에도 승리를 선언하는 습관을 기를 필요가 있다. 우리는 산을 움직이는 신앙을 가지고 승리를 볼 것을 위해서 선언할 수 있다. 성경말씀을 믿고 실천하는 것은 당신의 삶이 승리로 향하는 여행의 시작이다. 그렇기 때문에 비관적인 말 대신, 특히 걱정, 근심, 절망, 실망, 용기 잃음, 황폐한 마음이 들 때에 하나님의 사랑, 축복, 믿음을 선언하는 말부터 시작하라. 희망이 없다고 느껴질 때, 하나님의 해방과 치유하심을 찬양하고 감사하라. 당신이 실패 했다는 느낌이 든다면, 하나님의 은혜의 손길에 집중하라. 왜냐하면 하나님은 당신과 당신의 가정, 그리고 일상의 모든 사건들을 돌보시기 때문이다.

승리 선언은 걱정, 절망, 용기 잃음, 혹은 왜 하나님께서 나의 기도에 빨리 응답하시지 않을까라는 생각이 들 때마다 내가 한 연습이었다. 그것은 나에게 어려움을 극복할 수 있도록 도왔다.

빙판길에서의 사고가 몇번난 후, 나는 빙판길에서 공포가 엄습해서 몸이 움직일 수 없어서 운전도 제대로 할 수 없는 힘든 경험을 했다. 평안을 찾을 때까지 기도를 했다. 어떤 때는 주기도문으로 기도했다. 동시에 나는 빙판길을 피하고, 걱정이 공격할 수 있는 상황을 피하려고 노력했다. 결국 나는 공포의 영에서 치유함을 얻으려고 승리를 선언하는 기도를 적었다. 이 기도문은 내게 매우 유익했다. 두려움이 올 때마다 승리를 선언하는 습관을 가지게 되었고 그 이후로 더 이상 공포의 영으로부터 공격을 당하지 않았다. 당신 자신만의 주님안에서의 승리를 선언하는 기도문을 적어라. 아래에 내가 적은 승리 기도문이 있다.

1) 나 자신을 위한 승리의 기도문

- 나는 예수님을 가장 많이 사랑하기로 한 결심에 대한 승리를 선언한다.
- 예수님은 내 삶에서 가장 중요한 분이시라는 것에 대한 영적인 승리를 선언한다.
- 하나님은 내 삶에서 다른 누구도 가지지 못한 엄청난 권능을 가지셨다는 것에 승리를 선언한다.

- 나는 예수님께 나의 삶을 바쳐 섬긴다는 약속에 대한 승리를 선언한다.
- 나의 모든 죄가 예수님의 보혈로 용서 받음에 대한 자유함의 승리를 선언한다.
- 나는 예수님이 나의 모든 것, 평안, 지혜, 기쁨, 그리고 힘의 원천이라는 것에 대한 승리를 선언한다.
- 나는 하나님이 내가 상상한 이상으로 나를 모든 삶에서 축복하실 것임에 대한 승리를 선언한다.
- 하나님께서 나의 모든 문제를 극복하도록 인도하실 것에 대한 승리를 선언한다.
- 나에게 상처를 준 이들을 용서하고 축복하는 결심에 대한 승리를 선언한다.
- 하나님이 나를 인도하시기 때문에 내가 치유를 받은 것에 대한 영적인 승리를 선언한다.
- 하나님이 내 삶에 있어서의 도전들을 잘 다룰 수 있는 지혜를 주실 것임을 알고 승리를 선언한다.

2) 나의 가족들을 위한 승리의 기도문

- 나는 하나님께서 나의 가족들을 자신의 영광을 위해 돌 보실 것임에 대한 승리를 선언한다.
- 나는 내 가족이 성령의 인도 하심으로 전심으로 하나님을 섬길 것이라는 승리를 선언한다.
- 나는 하나님께서 내 상상 이상의 영적 축복을 내 자녀에게 주실 것이라는 승리를 선언한다.
- 나는 하나님께서 나의 자녀들이 신앙적인 멘토를 포함한 필요한 것들을 제공하실 것이라는 승리를 선언한다.
- 나는 우리 가정이 영적 은사로 축복을 받고, 그 은사를 하나님의 영광을 위해 사용할 것이라는 승리를 선언한다.

- 나는 내가 우리 가정을 돌볼 수 없을 때, 하나님께서 그들을 돌보실 것에 대한 승리를 선언한다.
- 나는 하나님께서 내 가정을 보호하시고, 그들의 신앙적 성장을 도울 것이라는 승리를 선언한다.
- 나는 내 가족의 존재와 사역으로 인해서 다른 사람들이 축복을 받을 것이라는 승리를 선언한다.

3) 내 사역을 위한 승리의 기도문

- 예수님의 복음을 내가 상상한 이상으로 전할 기회를 하나님께서 주실 것이라는 것에 대한 승리를 선언한다.
- 하나님의 도우심으로 내가 그분의 영광을 위해 다른 사람들이 자신의 은사를 최대한으로 사용할 수 있도록 도울 수 있다는 승리를 선언한다.
- 사역과 책을 통해서 많은 가난한 길 잃은 영혼을 구하고 영적 성장을 도울 것을 선언한다.
- 하나님의 왕국을 건설하는 것에 나와 함께 사역할 강력한 많은 영적인 지도자들을 성령님께서 보내주실 것이라는 승리를 선언한다.
- 영적인 치유가 필요한 이들이 그리스도 안에서 영적 자유함을 찾을 수 있도록 하나님께서 나의 시간을 현명하게 사용하도록 도우실 것이라는 승리를 선언한다.
- 나는 나의 삶의 초점이 예수님을 사랑하고 섬기기 위해 계획을 만들 것에 대한 승리를 선언한다.
- 다른 이들의 영적인 구원과 희망을 찾고, 치유함을 받도록 하나님의 지혜로 나의 재정적 자원을 그분의 뜻대로 관리할 수 있는 승리를 선언한다.
- 나는 성령님께서 나에게 기름 부으심으로 나의 사역과 출판 계획을 통해 다른 이들이 성령님의 임재와

치유하심을 경험할 수 있다는 승리를 선언한다.

- 나는 하나님께서 내 삶에 다른 사역의 계획하심을 가지고 계실 때, 내가 그 분의 계획하심이 항상 나 자신의 것보다 낫기에 순종할 것이라는 승리를 선언한다.
- 나는 나의 이기심을 극복해서 예수님의 관심사를 돌아보고, 그것이 바로 하나님의 왕국을 건설하는 유일한 길임을 알고 실천할 것에 대한 승리를 선언한다.
- 나는 나의 모든 은사, 시간, 재능과 에너지를 예수님을 사랑하고 그 분을 전심으로 섬기는 것에 집중할 것이라는 승리를 선언한다.

9장

우울증의 치유를 도울 수 있는 것들

- 기도
- 성경 읽기와 묵상
- 모든 문제를 주께 드리기
- 하나님의 영광과 용서에 대한 믿음 가지기
- 자신과 모든 사람들 용서하기
- 긍정적이고 신뢰 할만한 사람 사귀기
- 웃기, 유머
- 사람을 배려 할 줄 아는 사람과 이야기하기
- 꿈과 인생에 있어서의 징조 이해하기
- 찬양, 예배
- 복음성가 부르기, 혹은 주님의 말씀 듣기
- 영적 영감을 주는 책 읽기
- 하나님에 대한 믿음 가지기
- 하나님의 말씀에서 희망 찾기
- 시 쓰기
- 과거에 머물지 않기
- 삶이 하나님으로부터의 선물이라는 사실 알기
- 긍정적으로 생각하기
- 다르게 생각 할 수 있는 무언가를 하기
- 가족의 지원 받기
- 예수님이 우울증의 치료제라는 점 알기
- 우울증이 사라질 것이라는 믿음 가지기

- 전문적인 상담
- 항우울제 복용
- 영적 영감을 주는 음악
- 아이들의 존재와 그들에 대한 사랑
- 그리스도 안에서 승리 선언하기
- 일기 쓰기
- 좋아하는 직업 찾기
- 학대적 상황에서 벗어나기

부록

<예수님께로 초대>

여러분은 삶이 너무 어렵고, 고통스러우며, 무의미하다는 생각을 한 번이라도 해보셨습니까?
사실 인간의 삶이 그렇습니다. 우리가 예수님을 마음에 영접하고 그분의 사랑을 이해하며 하나님께 용서를 받고 주님을 위해서 살려고 하기 전까지는 우리의 마음에 참된 평안이나 기쁨을 맛볼 수가 없습니다. 예수님을 믿고 그 분의 사랑을 맛보고 어려운 삶 가운데에도 하나님을 위해서 복음을 전하는 사람이 되라고 권고하고 싶습니다.

예수님께서는 우리를 위해서 십자가에 죽으시고 부활하셔서 우리를 위해 기도하고 계십니다. 예수님을 아직도 영접하지 않으셨다면 이 시간에 기도로 그분을 영접하시고 구원을 받으십시오.

"예수님, 저는 죄인입니다. 저는 이 시간 주님을 영접하기 원합니다. 저에게 오셔서 저의 모든 죄를 용서하시고 저의 삶을 주관하시고 성령님의 인도하심으로 복음을 전할 수 있는 주님의 제자가 되기 원합니다. 제 마음의 모든 상처도 치유해 주시고 주님의 평안과 기쁨을 저에게 주시옵소서. 예수님의 이름으로 기도드립니다. 아멘."

교회를 안 다니신다면 믿음의 성도들과 교제할 수 있고 성경을 잘 가르치는 교회를 찾으시길 바랍니다.
성경을 매일 읽으시고 기도하시며 주님을 알려고 노력하십시오. 어떤 성경을 읽어야 좋을지 모르신다면 신약 복음서 (마태, 마가, 누가, 요한)를 읽고 예수님이 누구신지를 배우시기 바랍니다. 예수님의 사랑을 이해하고 예수님과 더 가까운 관계를 가지시려면 그분을 성경을 통해서 아는 것이 매우 중요합니다.

마음이 아플 때는 예수님께 상처를 치유해 달라고 기도하시고 또 어려움이 있을 때는 찬송을 부르며 주님에게서 위로를 받으며 승리하는 삶이 되시기를 바랍니다. 이 세상이 아무리 험하고 어려워도 주님께서 도와주시면 승리하시는 삶을 살 수 있습니다. 주님을 위해서 살며 열매 맺는 삶을 살아야겠다는 목표를 가지고 사시기를 바라며 또 영적 성장을 위해서 기도 하시기를 바랍니다.

"예수님, 저에게 당신의 지혜를 주셔서 성경을 이해할 수 있게 해주시고 아직 용서 못한 사람이 있다면 다 용서할 수 있도록 당신의 사랑을 저의 마음에 부어주세요. 어떻게 살아야 하나님께 영광을 돌릴 수 있는지도 가르쳐 주시고 저에게 주님을 가르쳐 줄 수 있는 당신의 제자들도 만날 수 있게 도와주세요. 주님께서 저의 죄를 대속해서 십자가에 돌아가신 사랑도 더 알 수 있도록 저의 마음의 문을 열어주세요. 성령님, 저의 하루하루를 하나님께로 인도해 주시고 당신의 뜻에 순종 할 수 있게 도와 주세요. 예수님의 이름으로 기도드립니다. 아멘."

"영접하는 자 곧 그 이름을 믿는 자들에게는 하나님의 자녀가 되는 권세를 주셨으니" (요한복음 1:12).

"그러므로 이제 그리스도 예수 안에 있는 자에게는 결코 정죄함이 없나니 이는 그리스도 예수 안에 있는 생명의 성령의 법이 죄와 사망의 법에서 너를 해방하였음이라" (로마서 8:1).

변화 프로젝트
(Transformation Project Prison Ministry)

2005년에 설립된 변화 프로젝트는 감옥 문서 선교 비영리단체로서 17만권도 넘는 책들과 비디오들이 미국 전역으로 교도소, 형무소 그리고 노숙자 보호소에 목사들을 통해서 무료로 배포되고 있습니다. 아담스 카운티 교도소 수감자들의 신앙간증을 엮은 책이 영어로 6권, 스페인어로 2권이 출판 되었고, 비디오 영화가 4편이 제작되었습니다. 변화 프로젝트는 예수님의 복음을 땅끝까지 전하여 영혼 구원과 영적 성장을 초점으로 하는 소망의 문서 선교입니다.

변화 프로젝트를 후원하기 원하시는 분들은 수표를 Transformation Project Prison Ministry로 쓰시고 아래 주소로 보내주시면 됩니다.

Transformation Project Prison Ministry
5209 Mountview Blvd., Denver, CO 80207
홈페이지:www.maximumsaints.org
이메일: tppm.ministry@gmail.com
yonghui.mcdonald@gmail.com

2013년에 한국에서 변화 프로젝트가 설립되었습니다.
한국 연락처: 이 본 목사, 변화 프로젝트 부장
하늘문교회, 인천시 남동구 구월3동
1388-15, 우편번호 405-840
Cell: 010-2210-2504, 교회전화: 070-8278-2504
이메일: leeborn777@hanmail.net
홈페이지: http//blog.daum.net/hanulmoon24

하늘문선교회

하늘문선교회는 지극히 작은자에게 사랑과 소망의 가교 역할을 합니다. 미국에서 추방된 교포형제, 자매들, 미국 교도소에서 이송된 형제, 혹은 추방자, 교도소접견, 교도소집회간증, 문서 선교를 통한 신앙치유 사역을 하고 있습니다.

후원계좌: 국민은행 048-401-04-062403
<예금주 이 본>

이 본 목사, 하늘문선교회 회장
인천시 남동구 구월3동 1388-15, 우편번호 405-840
Cell: 010-2210-2504, 교회전화: 070-8278-2504

이메일: leeborn777@hanmail.net
홈페이지: http//blog.daum.net/hanulmoon24
홈페이지: http//blog.daum.net/leeborn777

재향 군인회 재단
(Veterans Twofish Foundation)

2011년 재향 군인회라는 비영리단체가 설립되어서 군인들과 군인 가족들의 신앙간증 책을 출판하여 미국 전역으로 교도소, 형무소, 노숙자 보호소 그리고 군인들에게 목사님들을 통해서 무료로 배포되고 있습니다. 재향 군인회를 후원하기 원하시는 분들은 수표를 Veterans Twofish Foundation으로 쓰시고 아래 주소로 보내주시면 됩니다. 홈페이지: veteranstwofish.org

Veterans Twofish Foundation
P.O. Box 220
Brighton, CO 80601

저자소개

-이영희-

(Yong Hui V. McDonald also known as Vescinda McDonald)

- 수원장로교 신학교 졸업 (1979년)
- Multnomah University, Portland, Oregon 졸업 (1984년 뭇노마 대학, 오레건주 학사학위 이수)
- Iliff School of Theology, Denver, Colorado, Master of Divinity 졸업 (2002년 아일맆 연합감리교 신학대학원, 석사 학위 이수)
- Asbury Theological Seminary, Doctor of Ministry student (애즈베리 신학대학원, 박사학위 과정)
- Denver Women's Correctional Facility Intern Chaplain (2000~2001년) (덴버 여자 감옥 목회자 인턴쉽)
- Iliff Student Senate and Prison Ministry Coordinator (1999~2002년) (사회활동 위원회에서 활동하였으며, 감옥 선교를 시작함)
- Smoky Hill United Methodist Church (2001~2002년) (한인연합감리교회 목사 인턴쉽)
- Memorial Hospital, Colorado Springs, Colorado, Chaplain Intern Ship (2002년) (병원 목사 인턴쉽)
- St. Joseph Hospital, Denver, Colorado (2002년~현재 병원에서 목사로 재직)
- Adams County Detention Facility Chaplain, Brighton, Colorado (2003~현재 아담스카운티 교도소에서 목사로 재직)
- 2005년 감옥 문서 선교 비영리단체를 설립함. 변화 프로젝트 (Transformation Project Prison Ministry)를 설립하여 책들과 비디오들이 미국 전역에 교도소, 형무

소 그리고 노숙자 보호소에 목사들을 통하여 무료로 배포하고 있습니다. 아담스 카운티 교도소 재소자들의 신앙간증을 엮은 책이 영어로 6권, 스페인어로 2권이 출판 되었고, 비디오 영화가 4편이 제작되었습니다.

- 2008년 남편이 교통사고로 소천한 후 하나님의 치유를 경험하고 상처 받고 슬퍼하는 사람들의 영적, 정신적인 치유를 돕는 문서 선교 (Griefpathway Ventures LLC)를 2010년에 설립하여 그에 관한 책들이 영어와 스페인어 또 한국어로 출판 되었습니다.
  홈페이지: www.griefpathway.com
- 2011년 군인들과 군인 가족들의 신앙간증을 발행하는 재향 군인회 재단 (Veterans Twofish Foundation)라는 비영리단체를 설립하였습니다. 군인들과 군인 가족들의 신앙간증을 출판하고 미 전역에 교도소, 형무소 그리고 노숙자 보호소에 목사들을 통해서 무료로 배포하고 있습니다.

About The Author

Yong Hui V. McDonald, also known as Vescinda McDonald, is a United Methodist minister, chaplain at Adams County Detention Facility (ACDF) in Brighton, Colorado. She is a certified American Correctional Chaplain, spiritual director and on-call hospital chaplain.

She is the founder of the following:

- Transformation Project Prison Ministry (TPPM), a 501(c)(3) non-profit, in 2005. TPPM produces Maximum Saints books and DVDs of ACDF saints stories of transformation and they are distributed freely to prisons, and homeless shelters.
- GriefPathway Ventures LLC, in 2010, to produce books, DVDs, and audio books to help others to process grief and healing.
- Veterans Twofish Foundation, a 501(c)(3) non-profit, in 2011, to reach out to produce books written by veterans and veterans' families to reach out to other veterans and their families.

Education:

- Suwon Presbyterian Seminary, Christian Education (1976~1979)
- Multnomah University, B.A.B.E. (1980~1984)
- Iliff School of Theology, Master of Divinity (1999~2002)
- Asbury Theological Seminary, Doctor of Ministry student.

Books and Audio Books by Yong Hui:

- *Journey With Jesus, Visions, Dreams, Meditations & Reflections*
- *Dancing In The Sky, A Story of Hope for Grieving Hearts*
- *Twisted Logic, The Shadow of Suicide*
- *Twisted Logic, The Window of Depression*
- *Dreams & Interpretations, Healing from Nightmares*
- *I Was The Mountain, In Search of Faith & Revival*
- *The Ultimate Parenting Guide, How to Enjoy Peaceful Parenting and Joyful Children*
- *Prisoners Victory Parade, Extraordinary Stories of Maximum Saints & Former Prisoners*
- *Four Voices, How They Affect Our Mind: How to Overcome Self-Destructive Voices and Hear the Nurturing Voice of God*
- *Tornadoes, Grief, Loss, Trauma, and PTSD: Tornadoes, Lessons and Teachings—The TLT Model for Healing*
- *Prayer and Meditations, 12 Prayer Projects for Spiritual Growth and Healing*
- *Invisible Counselor, Amazing Stories of the Holy Spirit*
- *Tornadoes of Accidents, Finding Peace in Tragic Accidents*
- *Tornadoes of Spiritual Warfare, How to Recognize & Defend Yourself From Negative Forces*
- *Lost but not Forgotten, Life Behind Prison Walls*
- *Loving God, 100 Daily Meditations and Prayers*
- *Journey With Jesus Two, Silent Prayer and Meditation*

- *Women Who Lead, Stories about Women Who Are Making a Difference*
- *Loving God Volume 2, 100 Daily Meditations and Prayers*
- *Journey With Jesus Three, How to Avoid the Pitfalls of Spiritual Leadership*
- Complied and published *Tornadoes of War, Inspirational Stories of Veterans and Veteran's Families* under the Veterans Twofish Foundation.
- Compiled and published five *Maximum Saints* books under the Transformation Project Prison Ministry.

DVDs produced:

- *Dancing In The Sky, Mismatched Shoes*
- *Tears of The Dragonfly, Suicide and Suicide Prevention (Audio CD* is also available*)*

Spanish books:

- *Twisted Logic, The Shadow of Suicide*
- *Journey With Jesus, Visions, Dreams, Meditations and Reflections*

Korean books (한국어로 번역된 책들):

- 『예수님과 걷는 길, 비전, 꿈, 묵상과 회상』 (*Journey With Jesus, Visions, Dreams, Meditations & Reflections*)
- 『치유, 사랑하는 이들을 잃은 사람들을 위하여』 (*Dancing In The Sky, A Story of Hope for Grieving Hearts)*
- 『꿈과 해석, 악몽으로부터 치유를 위하여』 (*Dreams & Interpretations, Healing from Nightmares)*

- 『나는 산이었다, 믿음과 영적 부흥을 찾아서』
  (*I Was The Mountain, In Search of Faith & Revival*)
- 『하나님의 치유를 구하라, 자살의 돌풍에서 치유를 위하여』
  (*Twisted Logic, The Shadow of Suicide*)
- 『승리의 행진, 미국 교도소와 문서 선교 회상록』
  (*Prisoners Victory Parade, Extraordinary Stories of Maximum Saints & Former Prisoners*)
- 『네가지 음성, 악한 음성을 저지하고 하나님의 음성을 듣는 영적훈련』 (Four *Voices, How They Affect Our Mind*)
- 『영적 전쟁에서의 승리의 길』 (*Tornadoes of Spiritual Warfare, How to Recognize & Defend Yourself From Negative Forces*)
- 『하나님 사랑합니다, 100일 묵상과 기도』 (*Loving God, 100 Daily Meditations and Prayers*)
- 『예수님과 걷는 길 2편, 비전, 꿈, 묵상과 회상』
  (*Journey With Jesus, Silent Prayer and Meditations*)
- 『우울증과 영적 치유의 길』
  (*Twisted Logic, The Window of Depression*)

그린이 소개

-박영득-

박영득 (Holly Weipz)은 콜로라도 주 브라이튼시에 있는 성 어거스틴교회를 섬기고 있으며 특히 성체조배와 그림, 일러스트레이터를 통하여 주님께 영광을 드리는 자원봉사자 입니다.

Holly Weipz, a resident of Brighton Colorado, is a participant of the City of Brighton's Artist on Eye of Art Program. She is a member of St. Augustine Catholic Church and enjoys drawing and painting.

역자 소개

-박연수 (Yun soo Park)-

한국외국어 대학교 무역학과
이수건설 주택사업팀
Songs Elite Martial Arts Academy
방과후 교육 프로그램 실장
Fellowship Church/휄로쉽교회 섬김

Made in the USA
Middletown, DE
30 May 2015